コンパス
保育者論

| 2019年度 | 保育士養成課程
教職課程コアカリキュラム | 対応 |

編著：上野恭裕・米谷光弘

共著：飯野祐樹・兼間和美・田窪玲子・西川友理
　　　長谷範子・林　静香・宮地あゆみ

建帛社
KENPAKUSHA

まえがき

　保育者とは，主に乳幼児の保育に直接かかわる者であり，具体的には，幼稚園・保育所・認定こども園といった場で職業として従事している幼稚園教諭・保育士・保育教諭などの総称です。この保育者のあり方について学ぶ「保育者論」は，保育士養成課程の必修科目であり，幼稚園教諭の養成においても「教師論」「教職論」などの科目で同様に学びます。その学習内容は多岐にわたり，それは，保育者の職務内容が広範囲であり，ますますその専門性が問われてきた証でもあります。最近では，前述の幼稚園教諭・保育士等のみならず，民間の保育サービスの一環である教育ベビーシッターや保育ママなどの存在についてもその連携を意識しなければなりません。

　本書は，建帛社コンパスシリーズとして出版されています。コンパスとは羅針盤のことであり，本書では「保育者」としてのカリキュラム，いわば "course of study" を多角的に解説し，説明しています。

　従来の「保育者論」におけるテキストの多くは，保育の理念や理論・技術を中心とした内容構成のものが多く見受けられますが，本書ではそれに加え，「なぜ，人は働くのか」という問いに学生が問題意識をもち，その答えを模索してくれることを期待しています。なぜなら，保育現場で新人保育者に「とにかく一年間，歯をくいしばってがんばってみなさい」と精神論で仕事をさせても，保育者には「仕事をさせられている」という意識が働くことになり，そのような志で働く保育者にも，また保育される子ども達にもよい影響をもたらさないからです。「なぜ，人は働くのか」「社会は保育者に何を期待しているのか」という問いに対して，個々の保育者が明解な答えをもち，自己解決していくことによってプロの保育者になることが可能になるのです。

　本書は，このような趣旨に基づいて，ケーススタディーやコラム等も盛り込み，保育の職場をより具体的にイメージできるように工夫し，また，できるだけ理解が平易になるよう編集に努めました。

　最後になりましたが，保育者としての勤務経験や養成校での指導経験を生かし，また，各研究領域における専門性を発揮して本書をご執筆くださった諸先生方，そして「保育者論」への想いや考えに賛同していただき，編集方針・作業などに多大なるアドバイスと協力をいただきました建帛社編集部の方々に深く感謝申し上げます。

2021年3月

編著者代表　　上野　恭裕

米谷　光弘

目　次

序　章　保育者を目指す人へ　　　　　　　　　　　1

1　「ハマる」力と「飽きる」力 ……………………………………… 1
2　職場における保育者間の人間関係について ……………… 2
3　大学と教育・保育施設の未来 ………………………………… 2

第1章　保育現場と保育者の意義　　　　　　　　5

1　保育の場の社会的意義 …………………………………………… 5
　（1）「家庭」「地域社会」という子育てが実践されている場の分析　5
　（2）保育環境としての「社会」　7
　（3）幼稚園・保育所・認定こども園への保育需要の高まり　8
2　保育者の存在意義 ………………………………………………… 9
　（1）保育者の専門性と社会的意義　9
　（2）子どもにとっての「保育者」の存在　10
3　保育者の職業的実情の理解 …………………………………… 11
　（1）現代社会に求められる保育者像と働き方　11
　（2）人材教育システムと保育者の特性・成長促進の仕組み　15
【コラム①】社会人としての自覚と理解 …………………………… 17
【コラム②】職場での保育者教育 …………………………………… 18

第2章　保育者観の変遷と制度的位置づけ　　　19

1　保育者観と望ましい保育者像の変遷 ……………………… 19
　（1）「保育」という言葉の誕生　19
　（2）福祉的側面の付与―託児所の誕生―　20
　（3）「養護」と「教育」一元化の試み　21
　（4）戦後の保育改革―「教育」と「養護」の再二元化―　21
　（5）保育内容の整合性を図る試み―教育的側面の一体化―　22
2　幼稚園教諭免許状 ………………………………………………… 23
　（1）幼稚園教諭免許の法的位置づけ　24
　（2）幼稚園教諭普通免許状の取得　24

（3）幼稚園教諭臨時免許状の取得　26

（4）上位免許への変更方法　26

（5）幼稚園教諭免許状が授与されない者　27

（6）幼稚園教諭免許状の申請方法　28

（7）幼稚園教諭免許状の効力　28

（8）免許状更新講習の受講　28

3　保育士資格‥‥‥‥‥‥‥‥‥‥‥‥‥‥‥‥‥‥‥‥‥‥‥‥‥‥29

（1）保育士資格の法的位置づけ　29

（2）保育士資格の取得方法　30

（3）保育士資格の登録申請　34

（4）保育士資格の効力　34

4　保育教諭‥‥‥‥‥‥‥‥‥‥‥‥‥‥‥‥‥‥‥‥‥‥‥‥‥‥‥34

（1）保育教諭の法的位置づけ　34

（2）経過措置について　35

（3）保育教諭の配置基準　35

【コラム③】今を楽しく生きる人の共通点‥‥‥‥‥‥‥‥‥‥‥‥36

第3章　保育の場の動向と保育者に求められる資質・能力　37

1　多様な保育ニーズ‥‥‥‥‥‥‥‥‥‥‥‥‥‥‥‥‥‥‥‥‥‥37

（1）保育需要の動向　37

2　保育者に関する動向‥‥‥‥‥‥‥‥‥‥‥‥‥‥‥‥‥‥‥‥38

（1）なりたい職業ランキング　39

（2）保育者の数　39

（3）保育の場の人材不足　40

（4）近年の保育者の処遇改善について　40

3　保育者に求められる役割と知識・技術および資質・能力‥‥‥‥42

（1）保育者に求められる役割　42

（2）保育者に求められる資質・能力　42

第4章　保育者の職務内容と専門性　51

1　保育者の具体的な職務内容‥‥‥‥‥‥‥‥‥‥‥‥‥‥‥‥‥51

（1）保育者の区分　51

（2）法的な職務内容　52

　　（3）幼稚園，認定こども園の教育および保育の基本　52

　　（4）保育所保育の役割　53

　　（5）子どもの理解と発達の特性　54

　　（6）保育者の具体的な職務内容　56

　2　職務に伴う専門性　……………………………………………57

　　（1）保育者に求められる専門性　57

　　（2）養護と教育を一体的に行うとは　58

　　（3）健康と安全の確保　58

　　（4）子育て支援　59

　　（5）計画に基づく実践と省察・評価（PDCA サイクル）の必要性　60

　　（6）保育の質的向上に向けた取り組み　61

　【コラム④】朝のルーティンをつくろう　………………………62

第5章　保育者の連携と協働　63

　1　保育者の職場における連携・協働　………………………63

　　（1）「チーム」で行う保育　63

　　（2）他職種との連携　65

　2　家庭との連携・協働　……………………………………67

　　（1）保育者は「子どものことをわかってくれる」貴重な存在　68

　　（2）保育施設は「子育てを助けてくれる身近な社会資源」　69

　　（3）保護者とともに育てていく　70

　3　地域との連携　………………………………………70

　　（1）地域とのつながりと子どもの育ち　70

　　（2）専門機関等との連携　71

　4　小学校就学へ向けて　………………………………73

　【コラム⑤】迷わないで決断する方法　……………………74

第6章　小学校との接続　75

　1　就学を見据えた保育　………………………………75

　　（1）保幼小の連携から接続へ　75

　　（2）幼稚園教育要領，保育所保育指針，幼保連携型認定こども園教育・
　　　　保育要領から見た保幼小の連携　77

　　（3）アプローチカリキュラムとスタートカリキュラム　78

　　2　保幼小連携の実際 ……………………………………………79
　　　　（1）要録の作成と活用　79
　　　　（2）特別な配慮を必要とする幼児の引き継ぎ　82
　　　　（3）交流会の実際　84
　　【コラム⑥】私立幼稚園と公立小学校の連携の難しさ ……………85
　　【コラム⑦】仕事を効率化する方法 …………………………………85

第7章　保育者の資質向上とキャリア形成　　87

　　1　組織とリーダーシップ ………………………………………87
　　　　（1）「組織」としての保育所，幼稚園，認定こども園　87
　　　　（2）就学前の教育・保育施設におけるリーダーシップ　88
　　　　（3）園長によるリーダーとしての研修計画　89
　　2　保育者の専門性の向上とキャリア形成の意義 ……………90
　　　　（1）保育者の専門性とは　90
　　　　（2）保育者の倫理観　92
　　　　（3）保育者の成長プロセス　92
　　　　（4）保育者としてのキャリア形成の意義　96
　　3　保育者の資質向上に関する組織的取り組み ………………96
　　　　（1）保育所保育指針に示される保育士の資質向上　96
　　　　（2）資質向上のための組織的取り組み　97
　　　　（3）資質向上の土台となる職場における同僚性　98
　　　　（4）同僚性を育む場としての「保育カンファレンス」　98
　　　　（5）組織の資質向上と外部研修の活用　99
　　　　（6）外部研修—保育士等キャリアアップ研修—　100
　　【コラム⑧】他人から批判されたときの対処法 …………………101

第8章　これからの保育者像　　103

　　1　プロフェッショナルを目指すために ……………………103
　　　　（1）プロとしての仕事とは何か　103
　　　　（2）プロの保育者の必要最低条件　104
　　　　（3）さらなるプロを目指して　106
　　2　社会の実態と変化に常に新しい関心を持つために ……107
　　　　（1）職業人としての自覚　107

（２）地域人の保育者として　108

（３）自ら成長するために　109

3　将来に向けての自己研鑽………………………………………110

（１）専門的知識・技能の獲得　110

（２）専門的知識・技能を「知恵」へ　113

（３）専門的知識・技能を高めるフィードバックシステム　113

【コラム⑨】どうすれば辛抱強くなれるか　………………………………114

第9章 保育の場におけるケーススタディー　115

【園での仕事，園行事】

ケース①　初めての職員会議　……………………………………116

ケース②　初めての一人担任　……………………………………117

ケース③　守秘義務と情報管理　…………………………………118

ケース④　年間行事への取り組み　………………………………119

ケース⑤　園行事とその練習　……………………………………120

ケース⑥　役柄の調整　……………………………………………121

【子どもとのかかわり】

ケース⑦　初めてのことが不安な子ども　………………………122

ケース⑧　保育室を飛び出す子ども　……………………………123

ケース⑨　独占欲の強い子ども　…………………………………124

ケース⑩　苦手な食材　……………………………………………125

ケース⑪　けんかの仲裁　…………………………………………126

【保護者とのかかわり】

ケース⑫　園方針に対する意見への対応　………………………127

ケース⑬　保護者との信頼関係の確立　…………………………128

【職員同士のかかわり】

ケース⑭　園内の人間関係　………………………………………129

ケース⑮　先輩や同僚との付き合い　……………………………130

索　　引　…………………………………………………………………131

序 章 保育者を目指す人へ

1 「ハマる」力と「飽きる」力

　幼稚園に行くと，園児が「これ，ダンゴムシ」と見せに来る。そのかたわらで別の園児は，プリンのパックに砂を詰め込んで，砂場でいくつもの「擬似プリン」を作っている。また，室内に目を向ければ，必死にかくれんぼしている園児がいる。

　園児に「どうしてダンゴムシ見せにきたの？」「なぜプリンを作っているの？」「かくれんぼはどうして楽しいの？」と聞いても，回答はない。おそらく，それらの遊びに目的はないからであろう。つまり，好奇心のおもむくまま，やりたいことに「ハマっている」状態なのである。しかし，それは他者から強制されたわけではなく，子どもがその遊びを頑張っているという雰囲気でもない。このように子どもは元来，興味・関心にハマって集中して取り組むことのできる能力をもっているのである。このような能力を発揮している状態のときは，保育者は静かに見守りつつ，安全性を確保するだけでよい。そして，全面的共感で子どもに対峙してほしい。

　保育者がほめたり，叱ったりすることを軸に子どもとの接し方を論ずる場合がある。また，「叱るよりほめて育てる」を標榜する保育者も多数いる。

　この保育者の子どもの活動に対する反応としては，「叱る」「ほめる」より「勇気づける」視点が大切だ。なぜなら，「ほめられる」ことが目的化してしまったら，同じ行動であっても，子どもは「ほめられたい」という願望によって行動するようになってしまうからだ。

　一方で，この子どもの「ハマる」対象も永久には続かない。その対象はいわば泡のような存在であるから，行動や対象に継続性を求めても意味はない。「ハマる」力と「飽きる」力は，ワンセットと考えるべきだ。

　何も考えずに，心ゆくまでハマる。好きや楽しいの感情はその後，自然に子

1

どもの心の中に生まれてくる。

　保育者は，子どもの「ハマる力」を最大限応援し，勇気づけることが可能な一番身近な存在であるべきだ。

2　職場における保育者間の人間関係について

　幼稚園・保育所等の就職先を具体的に考える際，学生が必ず筆者に要求する内容がある。「人間関係のよい園を紹介してください」というものである。

　これはつまり，就職先に1人でも自分への「アンチ」的な人物がいない園という意味である。同時に「誰にも嫌われたくない」と考えているとも推測できる。「"嫌われてもいい"という考えをもっている人が嫌い」「みんなに好かれようとしている八方美人的な人が嫌い」「自信満々な人や逆に自信がない人が嫌い」等，人の好き嫌いを言い出したらきりがない。

　例えば幼稚園と保育所では，保育者間の人間関係の距離感が異なる。幼稚園に延長保育や特別保育はあるが，基本的には短時間保育である。よって，園児が降園後は保育者同士のみの接触が増える。それに対して保育所は長時間保育であるため，基本的に保育者間には「子ども」が介在する。また，乳児担当は複数担任なので，相互の協力が不可欠になってくる。

　学生時代は自分の気の合う友達とだけで時間を共有することができた。しかし現実の職場は，年齢，最終学歴や考え方等が異なる者が集まって，「仕事」を通して目的を達成していく場である。だから，「苦手な人やアンチの人が1人もいない」という職場は現実的ではない。その中で自分の立場を自覚して，目の前の仕事に全力で取り組む姿勢が大切になってくる。

　そのためには「全力で取り組む＝頑張る」という考え方より，仕事の優先順位をつけて，緩急で仕事を消化するスタンスが求められる。なぜなら，自分に与えられた24時間の中で，労働時間は限られているからだ。留意すべきなのは「仕事を持ち越さないこと」である。できるだけ，その日の仕事はその日に終わらせることを習慣化すべきである。保育者間の人間関係も同時に，翌日に持ち越す感情は，睡眠をたっぷりとって忘れてしまうぐらいの心構えでいよう。

3　大学と教育・保育施設の未来

1）日本総研「Research Eye」No. 2020
-050, 2020年12月1日.

　コロナ禍の影響で，新生児の数が激減すると予想されている。毎年，子どもの日に新生児数が発表されるが，2021（令和3）年は約70万人台になる見通しである[1]。以前，大学関係者が入学者数や定員充足率に関して気にかけていた

のが「2018年問題」であった。それまで10年近く約120万人で横ばいに推移してきた18歳人口が，2018（平成30）年を境に減少期に入るというものである[2]。それが，2039年には70万人台へと落ち込むということになる。そして，遠隔授業，ZOOM，マナバ等を使用しての授業が一般化してくれば，現在のような大きな箱物的校舎や敷地は不安になろう。加えて，You Tube をはじめとする動画配信やインターネットによって，大学における知識・技術はある程度の部分で自学自習が可能になる。現に私立大学の約半数は定員充足をしていないので，今後，学校法人間の統廃合は加速されるであろう。

2）文部科学省中央教育審議会大学分科会将来構想部会合同会議「高等教育の将来構想に関する参考資料」2018.

　それに対して，就学前施設である幼稚園・保育所・認定こども園の将来はどうであろう。子どもを取り巻く環境は，より低年齢から子どもの個性や能力を伸長させるために，多様な経験をさせることを保護者が切望する流れがますます加速される。なぜなら，小学校の英語科設定，そしてスポーツ・芸術等の分野で活躍する選手の低年齢化傾向を見るにつけて，保護者の幼児教育・保育に対する熱量は増加すると思われるからである。

　就学前段階の教育・保育施設は，小規模保育・企業型保育・認定こども園の誕生等によって，今後ますます多様化される。ただ，大学や高等教育機関と異なり，就学前施設で展開される経験・活動は，知識・技術に偏重したものでなく，子どもの興味・関心に基づいたものである。

　今後，幼稚園・保育所等の就学前施設は，時代の流れとともにその姿を変化させていくことであろう。しかしながら，保育者自身も養成課程においても大切にしなければならないことは，「子どもの心身の成長・発達を援助する」ために責任感をもって，子ども主体に対峙することに変わりはない。

　以上，述べてきたことは，保育者を目指していくにあたって，そして保育者として勤めていくにあたって直面するであろう事象の断片である。こうした切り口で，「保育」や「保育者」について考えたことはあるだろうか。学生の皆さんには，保育者の職務や専門性を学ぶだけでなく，固定観念からの脱却や，働き方，生き方についても思いをはせてほしい。

　たしかに，理想の保育者像，あるべき保育者像を見つけ，そのために何をどう学ぶのかを示すのが，いわゆる「保育者論」である。しかし保育者は，そうした理想的な支援者として，子どものために，保護者のためにと，ひたすら滅私奉公する存在ではない。生活があり，人生があり，幸福を追求する権利をもつ一人の人間なのである。だから学生の皆さんには，保育者という専門職に就きながら，自らの人生を充実させていってほしい。そのために，専門性を発揮しながらいかに生き，働くかということを，以降の章から学んでいこう。

第1章 保育現場と保育者の意義

　保育が実践・展開される公的な場としては，幼稚園・保育所・認定こども園などがある。家庭や地域社会などにおける子どもへのかかわりや取り組みは「子育て」と呼ばれ，私的な性格をもつ。前者の「保育の場」と後者の「子育ての場」は，相互に関連して影響を及ぼしながら，その取り組み方は変化している。

　本章においてはまず国家・地域社会・家庭という中での「子育て」についてのあり方やその背景・変革について考察し，社会における公的な保育の場の存在意義について理解を深めていく。

　その上で本章の中心的課題である幼稚園・保育所・認定こども園などにおける保育者の存在意義・特徴などについて多角的に論を展開していく。

1　保育の場の社会的意義

（1）「家庭」「地域社会」という子育てが実践されている場の分析

　「保育」とは公的な性格をもち，それが実践されている場は，幼稚園・保育所・認定こども園などである。その公的な場は，私的な性格をもつ「家庭」「地域社会」という子育てが実践されている場の影響を受けながら，そのあり方を模索し日々，「保育活動」を実践している。つまり，まず家庭・地域社会の変容を分析することによって，現在の幼稚園・保育所・認定こども園などの社会的意義を明らかにすることが可能になるのである。

　まず焦点を当てるべき課題として，家庭における教育力低下があげられる。人間は生まれながらに生存権を有している。まだ一人歩きできない乳児はその成長・発達を人生の教育者である両親の手に委ねられ，「家庭」という場にま

＊1　大家族は，『サザエさん』のような三世代同居の家族を意味する。この家族制度では家庭が社会の縮小モデルであり，生活環境の中で知らず知らずのうちに子どもが学べる環境に身を置いていたといえる。それに対して核家族は，『クレヨンしんちゃん』的な親子のみの家族を指す。少子化によってさらに子どもの人とかかわる力を家庭内で育むことが困難になってきた。

＊2　エンゼルプランとは「子どもを生み育てる環境」を国全体が整備し，さまざまな事業を展開することを指す。このプランは以下の3つの基本施策が示されている。
・安心して出産や育児ができる環境を整える。
・家庭における子育てを基本として「子育て支援社会」を構築する。
・子どもの利益が最大限尊重されること。

ず身を置くのである。したがって世界各国の政治信条や主義・主張が変わろうとも家庭が子育ての場であることには異論をはさむ余地はない。

　労働の主役が農業であった時代の日本は，三世代同居の大家族＊1が一般的であった。しかし男女雇用機会均等法が1985（昭和60）年に制定され，翌年施行されるに至り，雇用・働き方すべてにおいて性別を理由にした差別が禁止された。加えて2007（平成19）年の同法改正では出産・育児などによる不利益な取り扱いの禁止が定められ，女性の社会進出に拍車がかかった（図1−1）。

　また，第一次産業の中核であった農業への従事者数は減少し，人口は都市へ流出する傾向が強まった。夫婦共働きの核家族が一般化し，母親の就労継続のために社会全体で子育てを支援する動きが加速した。それを国が施策として実施したものが1994（平成8）年からのエンゼルプラン＊2，それに続く新エンゼルプラン，2004（平成16）年からの子ども・子育て応援プランなどである。

　核家族化が一般化して都市化・情報化が進行する過程で，家庭・地域社会における子どもへの教育力は相対的に低下したと考えられる。それでは家庭・地域社会の本来持つ機能とはどのような事柄か，以下に列記してみる。

・人格形成ならびに将来の生活の基盤となる社会性の基礎を養う場
・両親や近所の人々の愛情に包まれた雰囲気の中での親子などの交流の場
・基本的生活習慣の育成ならびにしつけとしての場
・物事に対する価値観・判断力・人生観を養う場

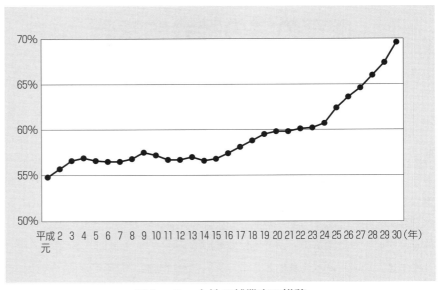

図1−1　女性の就業率の推移

資料）厚生労働省「労働力調査」より作成

　元来，上記のような人としての資質を養う場として家庭という小集団とそれを取り巻く地域社会は存在していた。しかしながら家庭規模の縮小，それに伴う子どもが人とかかわる機会の減少，保護者の教育観や育児観の変容などの影響で家庭，ひいては地域社会の教育力が減退してきたのは否定ができない。

（2）保育環境としての「社会」

1）情報化の進展

　保育の場としての「社会」は，実際，そこで公的な子育て・保育が実践されているというのみの意味ではなく，人が多様な刺激を社会から享受することによって子どもにも多大なる影響が及ぼされていることを含む。その代表的な要因について以下，若干の考察を試みる。まずは「情報化の進展」である。

　大家族から核家族の移行によって，世代間における子育ての知恵の伝承という慣習は一般的ではなくなった。それに代わって現在の親が頼るのはインターネットを中心とする子育てに関する情報である。単に情報の量やスピードに関しては，「ネット社会」はこれまでのテレビや雑誌などのメディアをすべての点で凌駕している。それは子育て情報についても例外ではない。

　例えば，「子どもの一人歩きの自立は何歳が目安なのか」「トイレットトレーニングは何歳からどのような手順で始めるべきなのか」等の問いかけに関してネット探索をかければ，膨大な情報をシャワーのごとく我々は獲得することができる。それは，親世代にとっては確かに便利な世の中になったといえるが，ここで問題視しなければならないのは「情報の取捨選択力」の有無である。つまり，無限ともいえる子育ての情報からわが子に適する情報を適切に選択する力を，果たして今の親世代が有しているかという問題である[*3]。

　そもそも「育児」や「子育て」に正答はない。つまり，すべての子どもに適切であるという最大公約数的な考え方は仮に存在していても，それがわが子に望ましいか否かは，あくまで親自身の個人的な判断に委ねられる。

　図1－2から現在のスマートフォンの保有率を考えると，情報化に対する意識は若年層でより高いことが予想できる。表面上は量的にまたスピード面からも子育てに関する情報は現代の保護者には十分に届いている。前述したように子育てには正解はなく，最も身近でわが子と接している保護者が，模索しながらも自分流の子育てを確立していく必要は以前と変わらない。それが子どもの可能性や個性を伸長することにつながると思われる。しかし，子育ての情報がありすぎることは，逆に子育ての体験が豊富でない親にとって迷いを生じさせ，それがひいては親の子育て不安の要因にもなりかねないのである。

＊3　情報化の進展，特にネット社会への依存傾向は，次のような悪影響を人々に与えていると考えられる。まず間接経験に頼りすぎて社会性の希薄な者や人とのかかわりを苦手とする者が多出する。これは直接体験がなくても情報による疑似体験によって直接体験と同様な感覚を得られるからである。加えて情報処理能力と選択力に欠けるゆえに思考力そのものが減退するおそれがある。

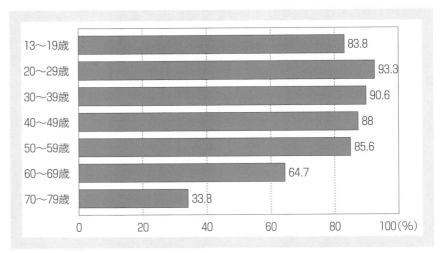

図1-2　スマートフォン保有率（年代別）

資料）総務省「通信利用動向調査」2019より作成

2）居住環境の変化

　次に，居住環境の変化を都市化というキーワードから考察してみる。都市化とは一般的には地域における人口が都市部に集中することを意味する。加えて都市部の文化や生活様式・価値観が農村地域に広まる過程も意味する。現在のわが国をみれば，特に東京という大都市への一極集中を招き，反面，その他の地域では人口の過疎化が進行している。これは人材不足のためにメガシティと呼ばれる東京・大阪・名古屋などに人口が流入するのではなく，そもそも農村部における収入が減少しているため，都市部へ仕事を探すために移住していると推測される。このことは，図1-1で示した女性の社会進出とも無関係ではなく，ますます核家族化が進む要因にもなっている。都市化・核家族化は相乗的に家庭・地域社会の教育力低下に拍車をかける要因といえる。

（3）幼稚園・保育所・認定こども園への保育需要の高まり

　前述のように保育の場における家庭・地域社会の教育機能は低下しているという現実は無視できない。実際，今まで家庭・地域社会などにおいて，知らず知らずのうちに獲得していた「基本的生活の習慣形成」や「協調性」「集団性」「人とかかわる力」などの育成は，すでに集団保育が担いつつある。2018（平成30）年において，保育所・幼稚園等への推計未就園児の割合は，3歳の時点で約5％である（図1-3）。

　就学前段階における集団保育施設への就園は義務ではない。しかし，保護者が子どもがより幼い年齢から幼稚園・保育所・認定こども園へ入園させる流れ

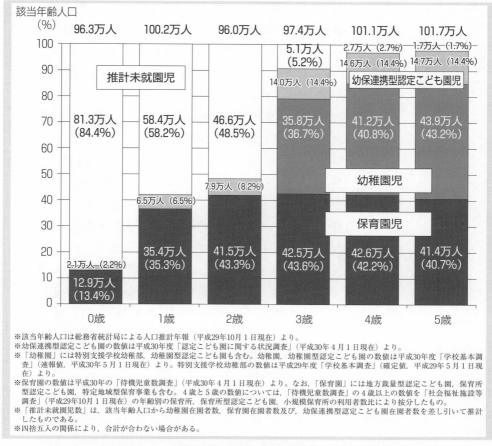

図1－3　保育所・幼稚園等の年齢別利用者数および割合（平成30年）

出典）内閣府『令和元年版　少子化社会対策白書』2019, p. 68.

は，加速すると予想される。なぜならすべての施設で「教育」と「養護」が一体的に展開されることが，ますます求められるからである。具体的には，乳幼児の生命の保持や情緒の安定のために行う日常的な保護や世話と乳幼児の心身を発達させる働きが並行して要求されるのである。その意味で今後，幼稚園・保育所・認定こども園の役割や社会的意義は増大していくと考えられる。

2　保育者の存在意義

（1）保育者の専門性と社会的意義

　前節で幼稚園・保育所・認定こども園といった保育・教育の場の社会的意義の高まりについて述べた。それは同時に，保育・教育を実際に行う保育者*⁴の

＊4　幼稚園で働く幼稚園教諭，保育所をはじめとする場所で働く保育士，認定こども園での保育教諭を包括した保育現場で働く者の総称として「保育者」と表現する。

専門性と社会的意義が問われているということでもある。保育者は，基本的には幼稚園教諭・保育士の総称であり，認定こども園における保育教諭もこの範疇に含まれる。保育者が子どもの成長・発達の場において，どのような役割を演じ，そのために保育者はどのような専門性・条件を備えていなければならないかが，今，明らかにされなくてはならない。

　幼稚園教育要領には，幼稚園の運営にあたって「心理や保健の専門家，地域の子育て経験者等と連携・協働しながら取り組む」ことが示されている。加えて，保育活動は，子どもと対峙して，子どもの成長・発達を助長するために適切な援助・介入・指導を行わなければならない。その過程で保育者は多くの「気づき」を子どもから学ぶことになる。しかしながら子どもが重要な示唆に富んだ行動・言動をしても，それに「気づく」感性が保育者側になければまったく無意味なものになってしまう。その観点から保育者は，子ども側からその「気づき」を与えられている人的環境といえる。

　保育者は「人を育てる，子どもの成長・発達を助長する人的環境」として位置づけられている。具体的には保育者は子どもが活動や経験に取り組む「心情・意欲・態度」をどのように育むかという過程を大切にすることが求められている。その意味から保育者は近視眼的・短絡的に子どもを観察するのではなく，「ひろい心」「温かな眼」で子どもと接していく姿勢が求められる。

　現代は，核家族化・少子化の進展等により，家庭との連携における集団保育施設の役割は単なる「子育て・保育の場」という狭義の場ではなく，保育の場は家庭における子育ての延長線上にもあり，幼児教育を実践し展開する場でもある。その意味からして保育者の存在は，現代の就学前段階の子育てにおいて，ますますその意義や役割の重要性が増してくることが予想される。

　子どもには無限の可能性がある。しかしその可能性は，あくまで保育者の適切な「援助・指導・介入」によって引き出されることを忘れてはならない。

　特にその中でもクラス担任のカラーは子どもに多大なる影響を個々に与え，その結合体がクラスカラーにもなる。つまり，子どもの今後の学校・社会的生活を過ごすための基本的な姿勢・態度・思考などの人間としての根幹部分の形成に大きな影響を与えるのが保育者だと考えられる。

（2）子どもにとっての「保育者」の存在

　保育活動は，生命ある子どもと向き合うことである。したがって保育者には，まず養護的側面[*5]への援助が求められている。そのため保育者には，子どもが安心感を得られ，ほっとできるぬくもりのある雰囲気が求められる。幼稚園教育要領，保育所保育指針，幼保連携型認定こども園教育・保育要領では，乳幼

＊5　子どもの生命を維持し，情緒を安定させること。

児期が，生涯にわたる人間形成の基礎を培う時期であると示されている。つまり，子どもが現代を生き抜く「生きる力」を日々の保育活動の中で育てていくことが保育者には求められる。そのためには保育者が各々の子どもの個人差を理解し，援助していく能力が必要になる。同時に保育者は絶えず子どもに観察され，その行動様式を子どもによって，取り込まれる存在でもある。

　保育現場では，保育者が感情的に子どもを叱り，厳しい言葉で注意し，行動や態度を変容させる場合もある。しかし，言葉や態度で威嚇(いかく)して子どもを強制的に自分に従わせてもまったく意味はない。「大人と子ども」「立場的」なものを考えれば，子どもは保育者の指示に納得しなくても従っていく。ただそれは抑圧的なものによって，保育者が意図する方向へ導かれているだけであり，子ども自身が保育者の言動を理解し自ら行動を改めているわけではない。

　その意味から，保育者がすばらしい保育哲学や実践力を有していたとしても，子ども達が理解できる・納得できる方法で伝えることができなければ，「心の教育」は実践不可能になる。「心の教育」を実践するために，保育者には，子どもの言動をまず全面的共感を持って受け止め，その事柄を客観的事象としてながめてから，適切な援助を行う力が備わっていることが求められる。

　現在，子どもにおける個人差や，保育実践上特別な配慮が必要とされる子どもが増え，その保育のあり方が問われている。そのような事柄に対応するためにも宗教・芸術・文化等に関する総合的教養の必要性を保育者が再認識し，専門分野以外の幅広い教養を身につけることが保育のキャパシティを広げ，保育の質の向上にもつながるであろう。

3　保育者の職業的実情の理解

（1）現代社会に求められる保育者像と働き方

1）保育者の働き方の現状

　本章「1．保育の場の社会的意義」で保育需要の拡大について述べたが，その要因の中でも，「共働き世帯」の増加は家庭生活のあり方に影響を及ぼし，それが保育需要の多様化につながっている。保育需要が多様化すると，それに対応するため保育サービスの形態も多様化する。そして保育サービスの形態が多様化するならば，そこに従事する保育者の働き方も多様化することになる。

　実際に，集団保育施設の形態が「認定こども園」や「地域型保育」の新設によって変化し，保育者の働き方は多様化し，長時間保育や低年齢児の保育が常態化してきたのが現実である。加えて「病後児保育」「休日保育」などの政策

は一見，子どもの利益が最優先されているように思われるが，それを担う保育者から見れば，以前よりも仕事上の責任と負担感が増しているのは事実である。また，従来，家庭において当然のように可能であった「基本的生活習慣の獲得*6」でさえ，今や家庭での獲得が不完全であるため幼稚園・保育所などの集団保育施設において習得することが一般化されつつある。

　このように，保育者に求められる役割は多岐にわたり，かつ，量的にも質的にも増大している中で，その働き方について考えていく必要がある。求められる役割が増大しているということは，業務の負担が増しているということである。第3章で詳述するが，幼稚園・保育所等の現場では現時点ですでに人材不足の状況に陥っており，保育者における業務の負担感が大きい状況である。

　この状況に拍車をかけるのが，労働力人口の減少である。出生数の低下が続いた結果，大学入学人口，つまり18歳人口は低下し，2018（平成30）年の時点で約118万人であり，100万人を割り込む時代へと近づきつつある（図1−4）。このことが近い将来，保育現場に影響を与えることを考えれば，保育者の「仕事」の内容を見直すことは，避けて通れない道となってくる。

　総じて保育現場は，保守的で前年踏襲の呪縛から抜けきることができない。例えば行事数の精査，職員会議の効率化，園だよりやクラスだよりの見直し，労働時間の短縮など，数え上げたら際限がない。「なぜ働き方を改革しないのか」と問うと「昨年までもそうやりましたから」という回答ばかりで，その仕事の必要性や価値に対するエビデンスがほとんどない。資料を読み上げるだけ

*6　基本的生活習慣の獲得

　食事・衣服の着脱・排泄の自立，ならびに清潔・睡眠についての習慣形成を指す。

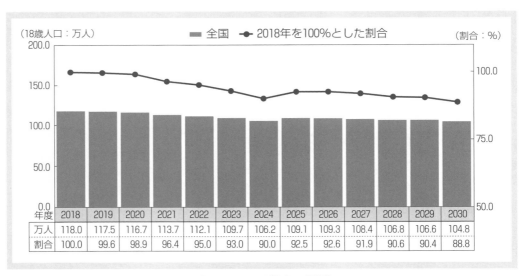

図1−4　18歳人口予測

出典）リクルート進学総研マーケットリポート，2018.

の会議などは，莫大な時間の浪費である。手書きに固執する園文化も一般社会では過去の遺物である。その結果，保育者には働くことへの疲弊感だけが残る。

　保育現場に求められる大きな課題の一つは，保育者としての日々の業務や労働のあり方の改善である。そのためには，トリアージ*7，すなわち「優先順位を決める」という考えを，「働き方」改革に早急に導入する必要がある。

2）保育者の働き方の変革へ

　一般的に仕事の印象は「労働＝辛いことを辛抱して頑張る」というイメージがある。たしかに，どのような仕事でも面倒なことは存在する。それでもその面倒なことから逃げてばかりいては，一人前の社会人ではない。だから保育現場でも「保育活動にあたって特別な配慮が必要な子どもへの対応」「保護者からのクレーム対応」などは，原点に戻って取り組むべきである。しかし，自分自身で「辛い」と感じる，あるいは「その仕事に対して疑問を抱く」ような，いわゆる「作業的」なものに対しての改善をしない限り，保育者を目指す学生にも，現に保育者として働いている人にとっても，やりがいのある仕事にはなり得ない。次に，より具体的に「時間」に焦点を当て考察をしてみる。

　幼稚園教育要領には，子育て支援のために「地域における幼児期の教育のセンターとしての役割を果たすよう努めるものとする。その際，心理や保健の専門家，地域の子育て経験者等と連携・協働しながら取り組むよう配慮するものとする」とあり，当然，保育所保育指針，幼保連携型認定こども園教育・保育要領にも，地域と連携して子育て支援に取り組むことが示されている。これはすなわち，保育者は単なる幼児教育・保育の対象である子どもとのかかわりのみならず，多角的な現場での役割や連携が求められているということである。それを実現可能にするためには，従来，当然のように考えられていた仕事内容を精査し，ゼロベースで仕事・業務内容を見直し，検討を加える必要がある。

　なぜなら，保育者に与えられている時間は有限であり，限られた時間内に仕事を効率化していく共通概念が職場で認識されていなければ「前年踏襲的」な働き方から脱却することは不可能であるからである。

　それでは具体的にどのような仕事・活動などにメスを入れていけばよいかを列記してみよう。

　① クラスだより・園だよりの手書き文化の改革
　②「やった感」を出すための，実質，報告会になっている会議の見直し
　③ 保育活動における小手先の保育技術だけの研修の見直し
　④ 行事の精選と展開の改革
　⑤ 人事査定と能力給の導入

　まず，従来の手書き文化が，まだ幼稚園・保育所等には根強く残っている。

「手書きのほうが保護者に温もりが伝わる」等の情緒的な見方もあろう。イギリス・オックスフォード大学のオズボーン（Osborne. M. A.）らは，今後，10年から20年の間に，現在アメリカにある職業の47%がコンピュータにとって代わられると予想する論文を発表した[1]。このことが象徴するように，すべての職場が電子化・ペーパーレス化に移行していく流れには逆らえない。しかし，保育現場の採用試験では学生の字の丁寧さを見たいために手書きでの小論文を課したりする。つまり，手書き文化を大切にするために，非常に効率の悪い作業や過程が放置されることになる。

　また，園で作成するクラスだよりでも同様のことがいえる。クラスだよりの基本的なフォーマットを考えてみると，①時候の挨拶，②行事予定，③当月の誕生日児，④保育者からのコメント，⑤お知らせなどに分類される。そして，①から③まではすでにシステム化が可能な領域であり，電子化してファイルで保存しておくことが可能である。現状まだ多くみられる手作りのクラスだよりは，作成時間やコスト代の視点から考えてもすでに時代遅れであり，電子化の流れは必然である。加えて保育ICTシステム*8の導入によって，重要な内容や緊急時の通知などを保護者へ一斉に送付することもできる。つまり，業務の効率化によって保育者のゆとりを確保し，他の作業や業務にあてることもできるのである。

　パーソル総合研究所の調査[2]では，会議や打ち合わせに構成メンバーが費やす時間は1週間平均で3.1時間，年間で154.1時間であると示している。この調査では，無駄な会議の特徴を①会議が終わっても何も決まっていない，②終了時間が延びる，③些細（ささい）な課題で会議を開く，と指摘している。そしてそれを是正するために「所要時間の制限」「司会者による決定事項の明確化」をあげている。今や「会議のあり方」を見れば組織がわかるという言葉もある。もはや結論を出せない「継続審議的」な会議は無用の長物である。

　研修は，初任者研修でも毎年のように「社会人とは」に代表される精神論的なものから，夏季・週末の「保育技術的」なものまであるが，保育者にとって最も大切なことは，「心のあり方」の教育とそれを実現するためのノウハウおよびスキルの教育である。ピアノが上手である，製作能力がある等の保育技術もたしかに保育現場での活動では大切である。しかしながら仕事にどう向き合い，日々の仕事を自分なりにどのようにマネジメントするかにベクトルを向けなければ，毎日がルーティンワークに陥り，やりがいが感じられない。研修自体の目的から再考する時期に来ていることは間違いない。

　また，行事と人事査定についてであるが，多くの園において，行事の展開や選択は前年踏襲が基本になっている。同時に民間企業に比べて，保育現場には

1）Frey. C. B. & Osborne. M. A. "The future of emplyment: how susceptible are jobs to computerization?" 2013.

＊8　保育ICTシステム
　パソコン，タブレット，スマートフォンなどを，インターネットを介して活用し，保育記録や事務処理，連絡事項などの業務をサポートするシステム。

2）パーソル総合研究所／中原淳「長時間労働に関する実態調査」2018.

「人事査定」という言葉さえ存在しない。すべての保育者を平等に扱うことと仕事のスキル等についての評価を両立させてこそ，保育の質の向上につながるであろう。

（2）人材教育システムと保育者の特性・成長促進の仕組み

　園における子どもの定員充足が達成していても，保育者が確保できてなければ園運営自体が成立しない。最近，保育現場で問題とされるのが保育者の離職率[*9]である。表1－1は大学卒全般の離職率（事業所規模別）であるが，産業種別の表1－2を見ると，教育・学習支援業の分野も他業種の例に漏れず，3年以内の離職率は45.6％と高水準である。離職率が高いと「採用コスト」「教育コスト」がかさみ，ひいては新たな人材確保がより難しくなるという負のスパイラルに陥る可能性がある。現在，幼稚園・保育所等における課題は，子どもの定員数の確保より，保育者の人材確保・育成といえる。

　具体的な現場の声として「園に実習生も来なくなってしまった」「優秀な学生を選抜したくても採用枠にも満たない応募者数しかいない」などがあげられる。結果，新卒一括採用形式だけではなく，通年，いつでも人材募集している園が多数ある。前項（1）で述べたように，事実として18歳人口を含め学生総数が減少しているのであるから，その中で保育者を目指す学生が総体的に減少している流れは特別なことではない[*10]。保育者はいまだ人気の高い職業ではあるが，以前のように，女性のあこがれる職業や親が女の子に就かせたい職業ランキングで常にベスト3以内に入っていた時代ではない。同時に，何もしなくても学生側から問い合わせや園見学の申し込みが来るだろうという園側の認識

＊9　離職率

　ある時点で仕事に就いていた労働者が，一定の期間のうちに何名がその仕事を離れたかを比率として表す指標である。

＊10　大学進学率は2008年46.0％から2017年は49.6％と上昇しているが，この上昇分より18歳人口の減少幅が大きいために，新卒採用が年々，難しくなっている。

表1－1　新規大学卒就職者の事業所規模別就職後3年以内離職率

事業所規模	離職率
1,000人以上	26.5%（＋1.5P）
500〜999人	29.9%（±0.3P）
100〜499人	33.0%（＋0.8P）
30〜99人	40.1%（＋0.8P）
5〜29人	51.1%（＋1.4P）
5人未満	56.1%（▲1.6P）

（　）内は前年比増減
出典）厚生労働省「新規学卒就職者の離職状況（平成29年3月卒業者の状況）」2020.

表1－2　新規大学卒就職者の就職後3年以内離職率のうち上位5産業

宿泊業・飲食サービス業	52.6%（＋2.2P）
生活関連サービス業・娯楽業	46.2%（▲＋0.4P）
教育・学習支援業	45.6%（▲0.3P）
医療，福祉	39.3%（＋1.2P）
小売業	37.4%（▲0.3P）

（　）内は前年比増減
出典）厚生労働省「新規学卒就職者の離職状況（平成29年3月卒業者の状況）」2020.

では，現状を打破することはできない。

　最近では，県・市単位で幼稚園・保育所・認定こども園などが合同就職説明会を実施している。あるいは園が単独で実施するケースや数園が合同で実施するケースなどもある。どのような取り組みにしても，魅力的な職場ということを業界全体で学生達に積極的にアピールしていかなければ，人材の確保・育成という命題は先細りになってしまう。

　学生側からの就職先へのアプローチの過程は，以下の3点に区分できる。

　① 卒園先や実習先に単独でアプローチしてそのまま内定する。

　② 大学の教員やキャリアセンターの紹介で推薦され受験して内定する。

　③ インターネットで自ら園の情報を収集した結果，受験して内定する。

　従来，①②のケースが多く，この層に優秀な学生が集まっているといわれていた。しかし近年の情報化社会，インターネット活用が日常化してきた時代では，③のケースが増加し，この層に優秀な学生層が多い場合もある。なぜなら自らの力で情報を収集し，分析してその上で園見学などのアプローチをかける自己開拓力を持ち合わせているからである。そこから考えると幼稚園・保育所等はインターネットのホームページ，特にスマートフォン用のホーム画面の充実を図ることが肝心になってくる。この中でリクルート用，つまり自園の採用情報などを提供してている園は，民間企業と比較してもかなり限定されているように思われる。まずは自園のホームページを「教職員の採用強化」という視点で再考してみる必要性がある。その上で下記の内容を文字だけではなく画像・映像で丁寧にわかりやすく紹介することが大切である。

　① 園長・理事長の運営方針やポリシーについて

　② 職場の楽しい雰囲気が感じ取れる現役保育者のコメントと映像

　③ 自園で働くメリットと教職員の定着率

　④ 募集条項と福利厚生など

　このようなホームページの情報から，学生側は次のステップとして実際に園見学したり，ボランティア志望をする園を選択したりすることになる。その意味からしても「人材確保・育成」という視点は民間企業と比較して保育業界はかなり遅れている業界である。

　今や子どもの成長・発達の鍵を握っているのは，保育者の資質の向上ともいえる。そのため，保育者と子どもがともに成長していくことができるような保育の場であることが，幼稚園・保育所・認定こども園などには求められるのである。

コラム① 社会人としての自覚と理解

　保育者を職業的に理解する前に，保育者も広く「社会人」としてのカテゴリに含まれるという視点から，「職業人」「社会人」についてまず理解していく必要がある。

　「人はなぜ，働くのだろうか」という命題は，誰しも一度は考えた経験があると思われる。昨今，「働き方改革」やコロナ禍の中でのリモートワーク*推奨などで改めて人々の働き方が問われている。

　今，問われているのは「労働＝辛いが尊いこと」であるという考え方に対する回答である。このような固定観念は農耕社会に由来している考え方ともいわれており，現在の多種多様な職業が存在しグローバル化・情報化が進展している社会においては前時代的である。それでも人々の頭の中には，従来の「働くこと」に対する意味を求める刷り込みが存在する。その結果，職場や仕事の不平・不満を抱えているにもかかわらず，努力・成果・お金などの価値観に縛られて自分の時間を「労働」に切り売りしている状態に陥っている。

　学生ではない社会の構成員としての特徴は，以下の3点に集約される。

① 社会的ルールや慣習を身につけている。

② 仕事によって社会的に貢献し社会的な地位がある。

③ 社会に対して責任と信頼を持っている。

　上記の資質は，仕事に主体的に取り組まなければ身につかない。逆に仕事に「やらされ感」があり惰性でルーティンワークをしている人は，時間が経過しても獲得することが難しい。つまり，社会人としての自覚とは「好きな仕事に従事している満足感」が前提条件になってくる。仕事は決して金銭を稼ぐためだけのものではなく，また他人に自分の時間を切り売りした結果，対価として金銭を授受する行為でもない。自分の時間を犠牲にして集団の規律に合わせて働くという考え方は，すでに過去の遺物でしかない。今後，人工知能やオートメーション化の進展により，自分の時間を単なる作業で埋めていくような働き方は激減する。つまり今こそ働くことの意味を個々の人々が問われている時代だといえる。

＊　いわゆる在宅勤務のことを「リモートワーク」と呼ぶ。所属しているオフィスでなく，自宅で働くことを意味する。同義語でテレワークという呼称もある。

コラム②　職場での保育者教育

　保育需要の高まりが保育者の業務の増大につながるという現実を直視すると，仕事を精査・システム化してその中での優先順位を組織内で検討する必要がある。保育者が負担感ばかり感じるようでは，養成校の学生にとって幼稚園や保育所等が魅力的な職場でなくなるからである。その意味で，「免許・資格を生かすために保育者を志す」という動機や働き方では，職業のステータスを上げていくことは難しい。保育者がどのような職場に転出しても輝き即戦力になるような園独自の教育システムが，今の園を取り巻く環境では不可欠である。具体的に人材育成のための教育マネジメントは，下記のように整理できる。

① 園の理念や教育・保育の方向性に対する理解と共感

② 専門的技術と知識の習得

③ 職場でのリーダーシップの育成

④ 社会人としての情緒や感性の育成

　その中で保育者には今後，より保育実践における専門性が求められる。それは保護者の園に対する保育需要の多様化や子どもの個人差に対応していく力が必要とされ，また，保育実践上，特に留意しなければならない子どもが増加しているからである。

　今後の集団保育施設では，園舎の立地や施設・設備の豪華さよりも保育者の援助・指導力，保護者との接点づくりが重要になってくる。園舎の改築などへ資金配分するよりも保育者への人的魅力づくりや教育プログラムへの投資が保育現場では求められる。

●演習課題

課題1：自己分析をして，自分の保育者としての強みと弱みを3つずつあげてみよう。

課題2：「働くこと」の達成感を何に求めるのか，具体的に箇条書きしてみよう。

●参考文献

鯵坂二夫監修／上野恭裕編著『新保育方法論』保育出版社，2000.

日名子太郎『新保育方法論』学芸図書，1980.

雑賀竜一『幼稚園の経営を劇的に変える方法』少年写真新聞社，2012.

岸井勇雄監修／上野恭裕編著『おもしろく簡潔に学ぶ保育内容総論』保育出版社，2012.

上野恭裕・大橋喜美子編著『現場の視点で学ぶ保育原理』教育出版社，2016.

児玉邦二・上野恭裕編著『保育原理Ⅰ・Ⅱ』三晃書房，1994.

上野恭裕編著『あなたの悩みを解決するための保育者論』保育出版社，2007.

第2章

保育者観の変遷と制度的位置づけ

本章では，まず「保育」という言葉に着目し，そこに内包される意味の変遷過程をたどることで，現在に至るまでの保育者観や望ましい保育者像の変遷を述べる。そして次に，そのような保育者観を備えた今日の保育者が制度内でどのように位置づけられているのかについて，「幼稚園教諭」「保育士」「保育教諭」に求められる免許・資格の取得方法から整理を試みることとする。

1 保育者観と望ましい保育者像の変遷

日本の幼児教育を象徴する「保育」という言葉の起源は，1876（明治9）年に日本初の幼稚園である官立[*1]の東京女子師範学校附属幼稚園で用いられたことにある。背景には1872（明治5）年の「学制」の実施以降，急速に整備が進んでいた小学校教育との違いを明確にする目的があったとされる。つまり，「保育」という言葉は，日本の保育・幼児教育の歴史とともに今日まで歩み続けてきたといえよう。ただ，日本の保育・幼児教育の有史以来，今日においても同様に使用され続けられている「保育」という言葉ではあるが，そこに内包される意味には異なりが見受けられ，その意味の異なりは必然と実際に保育に従事する保育者の保育者観や保育者像にも影響を与えるものであった。

（1）「保育」という言葉の誕生

前述の東京女子師範学校附属幼稚園（以下，附属幼稚園）が1877（明治10）年に制定した，附属幼稚園の保育内容を示す「幼稚園規則」では，「物品科」「美麗科」「知識科」という3つの科目[*2]を基に一日の活動が時間区切りで構成されること，そこでは，フレーベル（Fröbel, F. W. A）が考案した恩物[*3]を用いて実践を展開することが示されている。つまり，日本の保育・幼児教育の萌芽

*1 **官立**
現在の国立。

*2 「物品科」は物の性質や形状に触れる科目，「美麗科」は絵画製作等色彩に触れる科目，「知識科」は知識を深めていく科目。

*3 **恩物**
フレーベルが考案した，遊戯の際に用いる20からなる教材。

期においては，「保育」という言葉は用いられていたものの，その内容は幼児の教育を強く意識したものであり，幼児の諸能力を伸ばすこと，言い換えれば，知育の発達に力が注がれていたことがうかがえる。いわば，「幼児教育」と「保育」は同義の意味で用いられ，その間に意味の異なりはなかったといえよう。その後，幼稚園の全国普及とともに「保育」という言葉も全国に広がっていくこととなる。

（2）福祉的側面の付与—託児所の誕生—

　明治維新以降，1900年代初頭にかけてわが国の産業革命が進行する中，労働力になれない子ども達の生活の場が劣悪な状況になりつつあった。そのような境遇にある子ども達の大半は社会的に恵まれてはおらず，当然のことながら富裕層の子どもが通う幼稚園には通園がかなうことはなかった。このような状況を改善へと誘ったのは，キリスト教徒や進歩的知識人等の，いわゆる「篤志家」の活動であった。

　日本で最初の託児所は，1871（明治4）年にアメリカ人宣教師によって横浜市に開設された「亜米利加婦人教授所」とされ，主に混血児[*4]の救済を目的としていた。一方，日本人によって開設された最初の託児所とされるのが，1890（明治23）年に新潟県で誕生した「静修女学院附設託児所」である。この託児所は，明治の教育者である，赤沢鍾美とその妻ナカが創立した「静修女学院」内に設置され，背景には，当時，幼児を連れて登校しなければいけない女生徒に対して，授業中に幼児を預かる目的があった。また工場労働者の子どもを預かることを目的に，工場付設の託児所も設立され，1894（明治27）年には東京紡績株式会社内に，1902（明治35）年には鐘淵紡績会社に託児所が設立された。この他，農繁期や漁期等に子どもを預かる季節保育所（農繁期託児所）も開設され，代表的なものとしては1890（明治23）年，鳥取県内に筧雄平が寺院を修築し，そこに遊び道具を置く等して農繁期に季節限定で子どもを預かったことがあげられる。

　一方，幼稚園にも新たな動きがみられた。当時の附属幼稚園をはじめとする幼稚園は，富裕層の家庭の子どもを対象にした保育を主としていたが，この時期，貧民層の家庭の子どもに対しても保育施設への通園の門戸が開かれることとなる。代表的な施設としては，1895（明治28）年に神戸で宣教師タムソンによって開設された善隣幼稚園，1900（明治33）年に東京で開設された二葉幼稚園[*5]，1909（明治42）年に石井十次によって大阪で開設された愛染橋保育所等があげられる。

　以上のように，1876年の附属幼稚園の創設以降，「保育」という言葉には教

＊4　混血児
　国際結婚の夫婦の間に生まれた子ども。

＊5　二葉幼稚園では乳児の保育も行っていたため，1916（大正5）年，「二葉保育園」に名称を変更した。

育的側面が強く付与されていたが，託児所や貧児を対象にした保育施設の誕生を契機に，子ども達の「生命を守る」「生活を安定させる」といった養護的側面も付与され，「保育」という言葉の中に，「教育」に加え「養護」の視点が新たに加えられた。つまり，この時期の保育者には，子どもを「教育」することに加え「守り育てる」という福祉的姿勢も求められるようになったのである。

（3）「養護」と「教育」一元化の試み

　「幼稚園」「保育所」「託児所」といった3種の保育施設が併存する中にあって，「保育」という言葉には，「教育」と「養護」の側面が内包されるようになったことは上述した通りである。「幼稚園」に限って見れば，上位校の「小学校」に対する法整備は積極的に進められたものの，「幼稚園」に対しては，なかなか法整備までに至らず，創設当初の状況がしばらく続いていた。

　このような状況に大きな転機が訪れることとなる。それは，1926（大正15）年に幼稚園令が発布されたことにあり，そこでは幼稚園の役割として，「幼児ヲ保育シテ其ノ心身ヲ健全ニ発達セシメ家庭教育ヲ補フヲ以テ目的トス」（第1条）と示されている。

　この中で注目すべきは，「保育」という言葉が明記されていること，そして「家庭教育ヲ補フヲ以テ目的トス」と記されているように，「家庭教育を補完する施設」として託児的機能が幼稚園に付与されようとしたことである。さらに，当時の文部省は幼稚園で労働者の子どもを対象に長時間保育の実施，3歳未満児保育の実施，加えて，託児所を幼稚園に似通った施設にするといった提案が出されたことで，保育の一元化に向けた気運を見せたが，財政保障等の問題で実現に至ることはなかった。

　ただ，幼稚園令の発布を機に，それまで教育的意味合いと養護的意味合いというように，別次元で2種類の意味を有する言葉として理解され続けてきた「保育」に対して，それらを一体的にとらえようとする価値観が国の施策として出されようとしたことは，新たな保育者観の芽生えであるとともに，日本の幼児教育において大きな転換期になったといえるだろう。

（4）戦後の保育改革—「教育」と「養護」の再二元化—

　1926（大正15）年に発布された幼稚園令は，その後日本の幼児教育を支え続けていくことになるが，第2次世界大戦での敗戦を機に，日本の教育体制は大幅な刷新が図られ，その影響を受ける形で幼児教育も大幅な転換が迫られることとなる。中でも，1947（昭和22）年に「学校教育法」および「児童福祉法」が公布されたことは，それまでの「幼稚園」「保育所」「託児所」の意義および

体制を大きく変容させた。

1）「幼稚園」の変容

　学校教育法の制定に伴い，幼稚園は，保育所や託児所と異なり学校体系の中に位置づけられることとなり，その目的を「幼稚園は，幼児を保育し，適当な環境を与えて，その心身の発達を助長することを目的とする」（第77条*6）と記された。

　このように，学校教育法において幼稚園が学校体系に位置づけられる中にあっても，幼稚園令を継承する形で「保育」という言葉が用いられており，この点に幼児教育が小学校教育とは異質なものであるといった策定者の強い意志が読み取れよう。

2）「保育所」「託児所」に対する改革

　児童福祉法の制定に伴い，戦前の「託児所」は児童福祉施設の一つとして，「保育所」の名称で制度化され，その目的は，「保育所は，日日保護者の委託を受けて，保育に欠ける*7その乳児又は幼児を保育することを目的とする施設とする」（第39条第1項）と記された。

　この文言からも理解できるように，当時新たに制定された児童福祉法において，保育所は「保育に欠ける」児童のみを「保育」する福祉施設として位置づけられ，教育的施設としての「幼稚園」とは性質を異にする救貧的な施設として新たな役割を付与されることとなった。

　以上のように，戦後間もない教育改革の下で，それまで「保育」という言葉を介して「教育」と「養護」の近接が図られつつあった保育者観が，再度，二元化の状態に逆戻りし，勤務する保育者の名称も幼稚園は「教諭」，保育所は「保母」というように別名称が用いられるようになったことは，保育者間の意識の分離に拍車をかけたといえよう。

（5）保育内容の整合性を図る試み─教育的側面の一体化─

　戦後の教育刷新の下，制度上において幼稚園と保育所の二元化が進んだことは上述した通りであるが，それに続く形で，幼稚園・保育所ともに保育内容の整備も進められることとなった。具体的には，幼稚園には1956（昭和31）年に「幼稚園教育要領」が，それに遅れること9年，保育所に対しても1965（昭和40）年に「保育所保育指針」が策定されることとなる。

1）幼稚園教育要領（1956年）

　小学校教育に合わせる形で，6領域*8（現在は5領域）からまとめられており，系統的かつ計画的な内容になっている。現在まで5度の改訂を経ている。

*6　2007（平成19）年に改正された学校教育法において，幼稚園の目的は第22条に変更された。

*7　2015（平成27）年の改正により，「保育を必要とする」に表現が変更された。現条文は以下の通り。
「保育所は，保育を必要とする乳児・幼児を日々保護者の下から通わせて保育を行うことを目的とする施設とする」

*8　「健康」，「社会」，「自然」，「言語」，「音楽リズム」，「絵画製作」の6領域。

２）保育所保育指針（1965年）

　保育所の役割は乳幼児の健康面や養護面が主とされ，教育的側面の充実はその次とされていた。このような中にあって，保育所保育指針の誕生は保育所での教育的側面の充実に大きく寄与し，中でも，４歳以上に対しては幼稚園教育要領に合わせる形で６領域[*9]（現在は５領域）が設定された。現在まで４度の改定を経ている。

＊9　「健康」，「社会」，「自然」，「言語」，「造形」，「音楽」の６領域。

　このように，幼稚園では幼児に対し学校教育を施すことを，保育所では当時でいう「保育に欠ける児童」の保育を行うことを目的に据えられることとなった。ただ，両施設は明らかに機能を異にする中にあっても，保育所の機能のうち教育に関するものは，幼稚園教育要領に準ずる形にしていることがうかがえる。つまり，保育所保育指針の策定により，保育所の「保育」は「教育」と不可分であるという観点が明確になったといえ，ここに，幼稚園と保育所は設置の目的・機能が異なりつつも，「教育内容」の部分で実践内容の整合性を試みるといった，今日でも継承され続けている保育者観の萌芽が見て取れよう。

　本節では「保育」という言葉に着目し，今日に至るまでの保育者観の変遷過程を時代ごとにとらえてきたが，それを支える保育者の制度的位置づけは今日どのようになっているのであろうか。次節以降では，「幼稚園教諭」「保育士」「保育教諭」に求められる免許・資格の取得方法に焦点を当てながら，保育者の制度的位置づけについて整理を試みることとする。

2　幼稚園教諭免許状

　1876（明治９）年，東京女子師範学校附属幼稚園が設立されて以降，幼稚園で保育を掌る者に対して「保母」[*10]の呼称が用いられ続けていた。現在の「幼稚園教諭」へと呼称が変わる契機となったのは，1947（昭和22）年に児童福祉法，続く翌年に児童福祉施設最低基準[*11]が定められたことにある。これら児童福祉分野の関連法制定に伴い，それまで「託児所」と「保育所」の２つの名称が使用され福祉的側面が強かった施設の呼称が「保育所」へ，さらに，そこで保育に従事する女子に対しても「保母」という呼び名で統一された。

　一方，同じ「保母」という名称を使用していた幼稚園においても，福祉施設である「保育所」と教育施設である「幼稚園」の役割を明確に分けることを目的に，長年「保母」という名称で親しまれてきた保育従事者に対して「幼稚園教諭」という呼称が用いられることとなった。

＊10　託児所や保育所で保育に従事する女子も，「保母」という同様の呼称が使われていた。

＊11　2011（平成23）年の改正により「児童福祉施設の設備及び運営に関する基準」と題名改正された。

（1）幼稚園教諭免許の法的位置づけ

＊12　教育職員

　教育職員とは，学校
教育法第1条に規定さ
れている学校（幼稚園，
小学校，中学校，高等
学校，中等教育学校お
よび特別支援学校）な
らびに幼保連携型認定
子ども園で勤務する，
主幹教諭（幼保連携型
認定こども園の主幹養
護教諭および主幹栄養
教諭を含む），指導教
諭，教諭，助教諭，養
護教諭，養護助教諭，
栄養教諭，主幹保育教
諭，指導保育教諭，保
育教諭，助保育教諭お
よび講師を意味する。

＊13　現状，幼稚園教
諭の大半は「普通免許
状」を有しての勤務と
なっている。

　幼稚園教諭免許に関する基準は，教育職員免許法によって定められている。詳細を整理すれば，教育職員*12の免許状は「普通免許状」「特別免許状」「臨時免許状」の3種類に大別でき，幼稚園教諭に限って見れば「特別免許状」はなく，「普通免許状」と「臨時免許状」いずれかを取得することによって保育に従事することが認められる*13。普通免許状は「専修免許状」「一種免許状」「二種免許状」の3種類に分類され（教育職員免許法第4条），「専修免許状」は修士の学位を有する者，「一種免許状」は学士の学位を有する者，「二種免許状」は短期大学士学位を有する者に授与される（教育職員免許法第5条）。

（2）幼稚園教諭普通免許状の取得

　教育職員免許法第5条第1項では，大学もしくは文部科学大臣の指定する養成機関において定める単位を修得した者，あるいは免許状を授与するため行う「教育職員検定」に合格した者に対して教員の普通免許状を付与することが定められている。以下，それぞれの取得方法について述べていく。

1）取得方法1：大学や短期大学等で必要単位を修得する

　文部科学省に認可された大学や短期大学等で必要単位を取得し卒業する方法である。単位の取得方法は通学制と通信制があり，必要単位数は「専修免許状」「一種免許状」「二種免許状」で異なっている。幼稚園教諭の普通免許状の授与を受ける場合の教科および教職に関する科目の単位の修得方法については教育職員免許法施行規則第2条で表2-1のように示されており，この規定を基に各大学・短期大学等で授業の枠組みが作成される。

2）取得方法2：「幼稚園教員資格認定試験」を受けて修得する

　文部科学省による規制改革推進3か年計画（平成15年閣議決定）の策定を機に，幼稚園と保育所との連携を一層促進する観点から，保育士等として3年以上の勤務経験のある者を対象に，幼稚園教諭二種免許状を取得できる「幼稚園教員資格認定試験」（以下，認定試験）が実施される運びとなった。受験資格は，保育士資格を有して以降，下記の勤務実態を3年以上（勤務時間の合計が4,320時間以上である場合に限る）継続している者と定められている。

1）教職員支援機構
webサイト「教員資
格認定試験」（https：/
/ www. nits. go. jp /
menkyo/shiken/）.

① 幼稚園（特別支援学校の幼稚部を含む）において専ら幼児の保育に従事する職員。具体的には，預かり保育や学級担任の補助職員等を務めている者。
② 幼保連携型認定こども園において園児の教育および保育に従事する職員
③ 「教職員支援機構」が示した特定の条件[1]を満たした保育施設に勤務する保育士

表2－1　教科および教職に関する科目の最低修得単位数

第1欄	教科及び教職に関する科目	左欄の各科目に含めることが必要な事項	専修	一種	二種
第2欄	領域及び保育内容の指導法に関する科目	領域に関する専門的事項	16	16	12
		保育内容の指導法（情報機器及び教材の活用を含む）			
第3欄	教育の基礎的理解に関する科目	教育の理念並びに教育に関する歴史及び思想	10	10	6
		教職の意義及び教員の役割・職務内容（チーム学校運営への対応を含む）			
		教育に関する社会的，制度的又は経営的事項（学校と地域との連携及び学校安全への対応を含む）			
		幼児，児童及び生徒の心身の発達及び学習の過程			
		特別の支援を必要とする幼児，児童及び生徒に対する理解			
		教育課程の意義及び編成の方法（カリキュラム・マネジメントを含む）			
第4欄	道徳，総合的な学習の時間等の指導法及び生徒指導，教育相談等に関する科目	教育の方法及び技術（情報機器及び教材の活用を含む）	4	4	4
		幼児理解の理論及び方法			
		教育相談（カウンセリングに関する基礎的な知識を含む）の理論及び方法			
第5欄	教育実践に関する科目	教育実習	5	5	5
		教職実践演習	2	2	2
第6欄	大学が独自に設定する科目		38	14	2

表2－2　特例制度における単位取得方法

免許状	基礎資格	保育士等としての実務経験	大学において修得することが必要な最低単位数		
幼稚園教諭一種免許状	学士の学位を有すること及び保育士となる資格を有すること	3年 ※勤務時間の合計が4,320時間以上の場合に限る	8単位		
			（内訳）	保育内容の指導法	2
				教育の方法及び技術	
幼稚園教諭二種免許状	保育士となる資格を有すること		教職の意義及び教員の役割・職務内容（チーム学校運営への対応を含む）		2
			教育に関する社会的，制度的又は経営的事項（学校と地域との連携及び学校安全への対応を含む）		2
			教育課程の意義及び編成の方法		1
			幼児理解の理論及び方法		1

3）取得方法3：期限付き特例制度を使用

　2025（令和7）年3月末日まで保育士登録をしている者を対象に，保育士等として一定の勤務経験がある場合には，勤務経験を評価し，幼稚園教諭免許状の授与を受けるために修得することが必要な単位数を軽減するという特例が定められている。これは幼保連携型認定こども園への円滑な移行を進めるために設けられた制度であり，具体的な単位の取得方法は表2－2の通りである。

　特例制度を用いて幼稚園教諭免許状の授与を希望する場合，上記の基礎資格を得ていること，保育士等としての実務経験があること，そして，大学において必要な単位数を修得していること，の3条件を満たした上で各都道府県教育委員会に申請し，その後，次項目で述べる教育職員検定を受けることで幼稚園教諭免許状の取得に至る。

（3）幼稚園教諭臨時免許状の取得

　臨時免許状とは，都道府県の教育委員会が実施する教育職員検定を受検することで得られる免許状であり，地方自治体で普通免許状を有する者を採用できない場合のみ，助教諭，養護助教諭として採用される。

　検定内容としては，受検者から提出される，人物，学力，実務および身体(健康診断）に関する証明を総合的に評価することで実施される（教育職員免許法第6条）。これに加え，都道府県によっては独自の出願調書を提出させる場合もある。また検定の基準としては，教育職員免許法で定められている所要資格および，都道県教育委員会が定める基準が用いられ合格の可否が判断される。

　教育職員検定は，書面審査によって行われる場合がほとんどであるが，人物に関する証明を提出できない場合などは，面接を行う場合もある。

（4）上位免許への変更方法

　教育職員免許法（第9条の5）では，相当学校の教員の相当免許状が二種免許状であるものは，相当の一種免許状の授与を受けるように努めなければならないと示されている。上位免許への変更方法としては，教育職員免許法第5条第1項に示されているように，正規の大学等教職課程において，単位の上積みによりその免許に準じた基礎資格を修得する方法があげられる。その他，現職教員においては，先に示した教育職員検定においても上位免許の取得が可能である[14]。具体的な方法を下記に述べる。

1）変更方法1：二種免許状から一種免許状への変更

　幼稚園教諭二種免許状を取得した後，所定の期間を良好な成績で勤務した場合，取得する一種免許状の認定課程を有する大学，認定講習または公開講座等

*14　この場合，大学等の正規生として在学する必要はない。

で必要単位数を修得することにより，一種免許状へ変更できる。必要修得単位数*15は，勤務経験や大学卒業の有無によって表2－3の通り逓減される。

*15 表2－3で示している単位数は，法律に定められている最低修得単位数を示しており，大学で設定されている単位数のほうが多い場合がある。

表2－3 一種免許状へ変更するための必要修得単位数と在職年数

在職年数	3	4	5	6	7	8	9	10	11	12
必要単位数（大学を卒業している者）	25	20	15	10						
必要単位数（大学を卒業していない者※）			45	40	35	30	25	20	15	10

※以下の条件を満たさない者が該当。
①大学に3年以上在学し，かつ93単位修得した者（科目等履修生としての在籍は除く）
②大学に2年以上及び大学の専攻科に1年以上在学し，かつ93単位以上修得した者

非常勤講師の期間の在職年数は，実際の在職年数の2分の1として算定される。申請方法については，先に述べた教育職員検定と同様の流れがとられている。

2）変更方法2：一種免許状から専修免許状への変更

幼稚園教諭一種免許状を取得した後，所定の期間を良好な成績で勤務した場合，取得する専修免許状の認定課程を有する大学院の課程，認定講習または公開講座等で必要単位数を修得することで，専修免許状へ変更できる。必要修得単位数は，15単位以上，必要勤務年数は，3年以上と定められている（教育職員免許法別表第3）。非常勤講師の期間の在職年数の算定は，実際の在職年数の2分の1となる。

3）変更方法3：臨時免許状から二種免許状への変更

教育職員検定により幼稚園教諭臨時免許状を取得した後，所定の期間を良好な成績で勤務した場合，取得する二種免許状の認定課程を有する大学，認定講習または公開講座等で必要単位数を修得することで，二種免許状へ変更できる。必要修得単位数は，45単位以上，必要勤務年数は，6年以上と定められている（教育職員免許法別表第3）。非常勤講師の期間の在職年数の算定は，実際の在職年数の2分の1となる。

（5）幼稚園教諭免許状が授与されない者

教育職員免許法の第5条において，下記に該当する者には普通免許状が付与されないことが規定されている。

① 18歳未満の者

② 高等学校を卒業していない者。ただし，文部科学大臣において高等学校を卒業した者と同等以上の資格を有すると認めた者を除く。

③ 禁錮以上の刑に処せられた者

④ 禁固刑，暴力行為，懲戒免職，分限免職等により免許状がその効力を失い，当該失効の日から3年を経過しない者

⑤ 免許状取上げの処分を受け，当該処分の日から3年を経過しない者

⑥ 日本国憲法施行の日以後において，日本国憲法またはその下に成立した政府を暴力で破壊することを主張する政党その他の団体を結成し，またはこれに加入した者

（6）幼稚園教諭免許状の申請方法

幼稚園教諭免許状の申請方法はその取得方法によって異なり，大きく下記2つの方法に分類できる。

1）申請方法1：基礎資格を有し，大学等で所定の単位を修得した場合

教職課程を有している大学・短期大学等で必要単位を修得し，各都道府県の教育委員会が定める必要書類[*16]を用意し（各都道府県に）申請することで，教員免許状を取得できる。大学・短期大学等によっては，卒業時に教員免許状の申請をとりまとめて行ってくれることもある。

2）申請方法2：教育職員検定に合格した場合

教育職員検定に合格した各都道府県の教育委員会に対して必要書類[*17]を提出することで，教育免許状を取得できる。

（7）幼稚園教諭免許状の効力

普通免許状は，その授与の日[*18]の翌日から起算して10年を経過する日が含まれる年度の末日まで，すべての都道府県において効力を有する（教育職員免許法第9条第1項）。臨時免許状は，その免許状を授与したときから3年間，その免許状を授与した授与権者の置かれる都道府県においてのみ効力をもつ（教育職員免許法第9条第3項）。

（8）免許状更新講習の受講

幼稚園教諭普通免許状を取得している者の大半は，免許状更新講習の受講が求められており[2]，有効期間満了日の2年2か月前から2か月前までの2年間に，大学などが開設する30時間以上の免許状更新講習を受講・修了することが

*16 教育職員免許状授与申請書，卒業（修了）証明書，学力に関する証明書，免許状の原本とコピー（すでに所持している場合），戸籍抄本（謄本）等。

*17 教育職員免許授与申請書，資格認定試験合格書の原本とコピー，戸籍抄本（謄本）等。

*18 免許状の授与に必要な学位と単位を満たした状態のことであり，免許状を授与された状態とは異なる。つまり，大学の教職課程で単位を取り終えた後，都道府県教育委員会に授与の申請をしないままであっても，授与される免許状の有効期間の満了日は同じということになる。

2）文部科学省webサイト「教員免許更新制」（https://www.mext.go.jp/a_menu/shotou/koushin/index.htm）.

求められる。教員免許は個人資格となるため，基本的にはすべて個人での手続きとなる。更新講習が修了すれば，免許管理者（都道府県教育委員会）に申請し，免許状の有効期間の更新を受ける流れである。

3　保育士資格

保育士資格の起源は，保母資格にあるといえる。1948（昭和23）年に児童福祉施設最低基準*19が制定され，保育所と託児所が「保育所」に名称を統一されたことに伴い，児童福祉施設において保育に従事する女性に対して「保母」という名称が付与され，法令に基づく正式な資格となった。「保母」の誕生当初，その定義は，厚生省（現・厚生労働省）の通達によると下記のように定められていた。

> 第七　保母
> 　二　児童福祉施設において児童の保育に従事する女子とは，保育所におけるいわゆる保母のみに限るものではなく，広く児童福祉施設において自己の責任において児童の世話，指導等保護に当る女子をいうものであること。但し，助産婦，看護婦又は保健婦を除くはもちろん従来の母子寮のいわゆる寮母，保母を援ける保母助手，代用保母等の如き女子等は，これに該当しないものであること。
> （「児童福祉法施行に関する件」昭和23年3月31日，発児第20号）

その後，1977（昭和52）年の児童福祉法の改正に伴い，保育施設で働く男性も「保母に準ずるもの」として「保父」という呼称（通称）が認められ，さらに，1985（昭和60）年に男女雇用機会均等法が制定されたことを機に，保育職を目指す男性が増え始めた。

以上のような歴史を背景に約半世紀の間「保母」や「保父」として親しまれてきた保育職は，1999（平成11）年4月の児童福祉法施行令の改正により「保育士」という名称に変更され，さらに，2003（平成15）年11月の児童福祉法改正により名称独占資格*20として，国家資格*21となった。

（1）保育士資格の法的位置づけ

保育士資格に関する基準は，児童福祉法によって定められている。先で述べたように，保育士は2003（平成15）年11月以降「児童福祉法」を上位法に持つ国家資格となり，一定の社会的地位が保障されるとともに，社会からの信頼性も高まった。これに伴い，保育士の定義も下記のように変更が加えられた。

*19　現在は「児童福祉施設の設備及び運営に関する基準」。

*20　**名称独占資格**
有資格者以外はその名称を名乗ることを認められていない資格。

*21　**国家資格**
国の法律に基づいて，各種分野における個人の能力，知識が判定され，特定の職業に従事すると証明される資格。

> **【改正前の定義】**
> **第13条**　児童福祉施設において，児童の保育に従事する者を保育士といい，次の
> 　　各号のいずれかに該当する者をもつてこれに充てる。
> 　一　厚生労働大臣の指定する保育士を養成する学校その他の施設を卒業した者
> 　二　保育士試験に合格した者
>
> **【改正後の定義】**
> **第18条の4**　この法律で，保育士とは，第18条の18第1項の登録を受け，保育士
> 　　の名称を用いて，専門的知識及び技術をもつて，児童の保育及び児童の保護者
> 　　に対する保育に関する指導を行うことを業とする者をいう。

　ここで留意すべき点は，「保育士」＝「保育所で保育に従事する者」といっ
た認識は正確ではないことである。児童福祉法における「児童」は「満18歳に
満たない者」（第4条）と定義されているため，保育士資格を有することで，
18歳未満の児童の保育および児童の保護者に対する保育に関する指導を行うこ
とができる資格なのである。保育士資格を有することで勤務できる児童福祉施
設としては，乳児院・母子生活支援施設・保育所・幼保連携型認定こども園・
児童厚生施設・児童養護施設・障害児入所施設・児童発達支援センター・児童
心理治療施設・児童自立支援施設等がある。

（2）保育士資格の取得方法

1）保母から保育士へ

　1947（昭和22）年の児童福祉法制定に伴い，1948（昭和23）年に当時の厚生
事務次官から各都道府県知事あてに「児童福祉法施行に関する件」（発児第20
号）が通達され，その中で，保母養成の方法として，①国や都道府県が計画し
た講習会の修了者，②都道府県知事が施行する保母試験[22]の合格者，③恒久的
保母養成施設[23]の修了者の3点が示された。

　これらの内容は，「講習会の受講者」「保母試験の合格者」「養成施設の修了
者」に大別できる。現在，「講習会の修了」を得て保育士資格を取得する方法
はみられなくなったものの，「保母」が誕生して以降，今日に至るまで「保育
士養成を目的とした施設で所定の課程・科目を履修する」「保育士試験に合格
する」という2つの取得方法は共通した方法であり，現行児童福祉法第18条の
6においても，保育士となる資格を有する条件として次のように示されている。

> **第18条の6**　次の各号のいずれかに該当する者は，保育士となる資格を有する。
> 　一　都道府県知事の指定する保育士を養成する学校その他の施設（以下「指定
> 　　保育士養成施設」という。）を卒業した者
> 　二　保育士試験に合格した者

[22]　1948（昭和23）年より実施。

[23]　現在の保育士養成施設にあたる。

　また，保育士になることができない欠格条項についても，児童福祉法第18条の５に定められている。

第18条の５　次の各号のいずれかに該当する者は，保育士となることができない。
　一　心身の故障により保育士の業務を適正に行うことができない者として厚生労働省令*24で定めるもの
　二　禁錮以上の刑に処せられ，その執行を終わり，又は執行を受けることがなくなつた日から起算して２年を経過しない者
　三　この法律の規定その他児童の福祉に関する法律の規定であつて政令で定めるものにより，罰金の刑に処せられ，その執行を終わり，又は執行を受けることがなくなつた日から起算して２年を経過しない者
　四　第18条の19第１項第２号又は第２項の規定*25により登録を取り消され，その取消しの日から起算して２年を経過しない者

　以下では，「指定保育士養成施設を卒業した場合」「保育士試験に合格する場合」の２点から保育士資格の取得方法を見ていくこととする。

２）指定保育士養成施設で所定の課程・科目を履修する

　指定保育士養成施設（養成校）が所定の課程・科目の履修によって保育士資格を取得させる場合，養成校側には児童福祉法施行規則の第６条の２の２で示す条件を満たすことが求められ，主なものを要約すると次の通りである。

　①　高等学校もしくは中等教育学校を卒業した者，通常の課程による12年の学校教育を修了した者または文部科学大臣がこれと同等以上の資格を有すると認定した者が，入所（学）資格を有する。

　②　修業年限は，２年以上を確保すること。

　③　厚生労働大臣の定める修業教科目及び単位数を有し，かつ，厚生労働大臣の定める方法により履修させることが可能であること。

　このうち，３点目で示されている修業科目および単位数の規定[3]についてまとめると，表２−４の通りである。これらの履修条件が満たされることにより，保育士資格の取得要件が認められることとなる。

３）保育士試験に合格する

　保育士試験は都道府県知事の管轄の下で，「厚生労働省令で定めるところにより，一般社団法人又は一般財団法人であつて，保育士試験の実施に関する事務を適正かつ確実に実施することができると認められるものとして当該都道府県知事が指定する者に，試験事務の全部又は一部を行わせることができる」（児童福祉法第18条の９）とされており，現在は「全国保育士養成協議会」が全都道府県知事からの指定を受け，保育士試験の運用に当たっている。保育士試験は，毎年４月と10月に筆記試験が，６〜７月，または12月に実技試験が実施される。受験資格および筆試験内容は次の通りである。

*24　精神機能の障害により保育士の業務を適正に行うに当たって必要な認知，判断及び意思疎通を適切に行うことができない者（児童福祉法施行規則第６条の２）。

*25　第18条の５における各号に該当したり，虚偽や不正によって登録を受けたりした場合，または保育士の信用を傷つけたり，業務に関して知り得た人の秘密を漏らしたりした場合，登録が取り消される規定がある。

3）厚生労働省告示第198号「児童福祉法施行規則第６条の２第１項第３号の指定保育士養成施設の修業教科目及び単位数並びに履修方法」（平成13年５月23日）。

表2－4　保育士資格取得における修業教科目および単位数

系列		教科目	単位数
必修科目	保育の本質・目的に関する科目	保育原理（講義）	2
		教育原理（講義）	2
		子ども家庭福祉（講義）	2
		社会福祉（講義）	2
		子ども家庭支援論（講義）	2
		社会的養護Ⅰ（講義）	2
		保育者論（講義）	2
	保育の対象の理解に関する科目	保育の心理学（講義）	2
		子ども家庭支援の心理学（講義）	2
		子どもの理解と援助（演習）	1
		子どもの保健（講義）	2
		子どもの食と栄養（演習）	2
	保育の内容・方法に関する科目	保育の計画と評価（講義）	2
		保育内容総論（演習）	1
		保育内容演習（演習）	5
		保育内容の理解と方法（演習）	4
		乳児保育Ⅰ（講義）	2
		乳児保育Ⅱ（演習）	1
		子どもの健康と安全（演習）	1
		障害児保育（演習）	2
		社会的養護Ⅱ（演習）	1
		子育て支援（演習）	1
	保育実習	保育実習Ⅰ（実習）	4
		保育実習指導Ⅰ（演習）	2
	総合演習	保育実践演習（演習）	2
	小　　　計		51
選択必修	保育に関する科目		6以上
	保育実習	保育実習ⅡまたはⅢ（実習）	2
		保育実習指導ⅡまたはⅢ（演習）	1
	小　　　計		9以上
教養科目		体育（講義）	1
		体育（実技）	1
		外国語・その他	6以上
	小　　　計		8以上

① **受験資格**：最終学歴によって受験資格が決められており，大学生，短期大学生に関する受験資格は，要約すると下記の通り定められている[4]。

【大学】（学校教育法に基づく）

卒業生：保育士とは関係のない学部・学科でも認められる。

在学生：2年以上在学し，62単位以上修得済みであれば認められる。

中退生：2年以上在学し，62単位以上修得済みであれば認められる。

【短期大学】（学校教育法に基づく）

卒業生：保育士とは関係のない学部・学科でも認められる。

在学生：保育士とは関係のない学部・学科でも認められる。

② **試験内容**：保育士試験は，筆記試験と実技試験で構成されている。筆記試験，実技試験ともに1度合格した科目・分野は通常合格した年を含んだ3年間は合格の状態を維持でき，試験が免除されるが，4年目以降の受験では過去に合格した科目も再度受験し直すことが求められる。ただし，2015（平成27）年の試験より「筆記試験合格科目における合格科目免除期間延長制度」が設けられ，特定の対象施設[5]において対象期間内に一定の勤務期間および勤務時間，児童等の保護に従事した場合，通常3年間の合格科目の有効期間を最長5年まで延長できるようになった。具体的な試験内容は以下の通りである。

【筆記試験】

出題科目は，保育原理，教育原理，社会的養護，子ども家庭福祉，社会福祉，保育の心理学，子どもの保健，子どもの食と栄養，保育実習理論の全9科目であり，実技試験に進むためには，筆記試験[*26]のすべての科目に合格する必要がある。試験方法はマークシート形式がとられ，100点満点のうち60点以上の得点で合格が認められる。「教育原理」と「社会的養護」に関してはそれぞれ50点満点であり，2科目ともに30点以上の得点で合格が認められる[*27]。

【実技試験】

実技試験は，「音楽表現」（課題曲が与えられピアノで伴奏をつけて歌う），「造形表現」（保育実践で見られる一場面の絵を，色鉛筆を用いて描く），「言語表現」（3分以内で幼児向けの素話を行う）の3分野から2分野を選択して，2分野ともに合格することが求められる。実技試験の採点方法の詳細は明示されていないが，1分野ごとに50点が配分され，30点（6割）以上の得点で合格となる。

③ **期限付き特例制度**：幼稚園教諭免許と同様に，2025（令和7）年3月末日まで幼稚園教諭免許を有している者に対して，幼稚園教諭として特定の

4）全国保育士養成協議会webサイト（https://www.hoyokyo.or.jp/exam/qualify/）.

5）全国保育士養成協議会webサイト（https://www.hoyokyo.or.jp/exam/qa/exemption.html）.

*26　保育士試験の出題範囲の詳細については，厚生労働省雇用均等・児童家庭局長通知（平成15年12月1日雇児発第1201002号）で確認できる。

*27　例えば，「教育原理」が50点，「社会的養護」が10点で総得点では60点以上となっても不合格となる。この場合，「教育原理」のみが合格となるのではなく，両科目とも不合格という扱いになるので留意する必要がある。

＊28　幼稚園，認定こども園，保育所，特別支援学校幼稚部，へき地保育所，認可外保育施設（認可外保育施設指導監督基準を満たし，一定規模の集団により，継続的に保育を行う施設），幼稚園併設型認可外保育施設。

＊29　3年かつ4,320時間の勤務経験が必要。

施設[*28]で一定の実務経験[*29]がある場合には，勤務経験を評価し，保育士試験の受験科目免除となる場合がある。

【実務経験および科目履修による筆記試験免除】

指定保育士養成施設において，特例制度における4教科「福祉と養護（講義，2単位）」「子ども家庭支援論（講義，2単位）」「保健と食と栄養（講義，2単位）」「乳児保育（演習，2単位）」の合計8単位を履修すれば，筆記試験が免除される。

【実務経験による筆記試験免除】

上記実務経験を満たせば，筆記試験9科目のうち3科目（「教育原理」「保育の心理学」「保育実習理論」）および実技試験が免除される。

（3）保育士資格の登録申請

保育士登録の事務手続きは，都道府県の委託を受ける形で「登録事務処理センター」が一手に担っている。具体的には，「保育士登録申請」「都道府県の保育士登録簿に記載」「保育士証の交付」の3段階の手続きが新たに求められ，これらすべての手続き[*30]を経ることで，保育士証の交付，そして，児童福祉施設で保育士として勤務することができる。

＊30　申請の受付から保育士証の交付までの期間は1〜2か月ほどかかる。

また，資格を証明する書類を紛失してしまった場合，都道府県や教育機関へ問い合わせることで再発行が可能である。

（4）保育士資格の効力

保育士資格は，幼稚園教諭免許とは異なり，有効期限はない。

4 保育教諭

2015（平成27）年度より開始した「子ども・子育て支援新制度」において，幼保連携型認定こども園は，「学校及び児童福祉施設としての法的位置付けを持つ単一の施設[6]」として創設された。これを機に，そこで保育に従事する保育者に対しても「幼稚園教諭」や「保育士」とは異なる「保育教諭」という新たな呼称が用いられることとなった。

6）文部科学省「子ども・子育て支援新制度について」2013，p. 2．

（1）保育教諭の法的位置づけ

保育教諭に関する基準は，「就学前の子どもに関する教育，保育等の総合的な提供の推進に関する法律（認定こども園法）」によって定められている。この認定こども園法第14条には，「幼保連携型認定こども園には，園長及び保育教

論を置かなければならない」と示されている。また，「保育教諭」の資格条件として同法第15条において「幼稚園教諭の普通免許状」かつ「保育士資格」を有していることを原則としている。加えて，保育教諭のほか，認定こども園で保育に従事している主幹保育教諭，指導保育教諭，助保育教諭および講師も同様の免許・資格条件が求められている。

（2）経過措置について

認定こども園は2006（平成18）年に誕生した新たな保育施設であり，保育に従事する者の中には「幼稚園教諭免許」「保育士資格」いずれか1つの免許・資格の取得にとどまり「保育教諭」となる条件を満たせない者も少なくはない。そこで認定こども園への経過処置として，2025（令和7）年3月末日までは，幼稚園教諭免許状または保育士資格のどちらか一方の免許・資格を有していれば，保育教諭等になることができる。ただ，経過措置が過ぎれば，幼稚園教諭免許状が有効な状態*31であることに加え，保育士資格を有していないと，経過措置期間の間に保育教諭等となった者はその職を失うことになる。

*31　免許状更新講習を受け，免許状が有効な状態にあること。

（3）保育教諭の配置基準

認定こども園の認定基準は，内閣総理大臣，文部科学大臣，厚生労働大臣が定める基準に従い，また参酌して各都道府県等が条例で定める。

職員の資格基準としては，幼保連携型認定こども園には保育教諭の配置が原則である。一方，その他の認定こども園*32には，満3歳以上のクラスには「幼稚園教諭と保育士資格の両免許・資格の併有が望ましい」，満3歳未満のクラスには「保育士資格が必要」という基準が定められている場合が多くみられる。

*32　「幼稚園型認定こども園」「保育所型認定こども園」「地方裁量型認定こども園」が該当。

以上のように，本章では，保育者を取り巻く状況について歴史的・制度的側面から述べてきた。「幼稚園教諭」「保育士」「保育教諭」の免許・資格の歴史背景・取得方法については異なりがあることから，今後，保育者を目指す者にとっては勤務を希望する施設形態に応じた進路選択が求められる。

コラム③　今を楽しく生きる人の共通点

　読書・運動・睡眠の重要性については，すでに多くの人が生きるためには大切であると説いている。それに加えて，人生を楽しんでいる人の共通点としては，「素直さ」があげられる。素直さとは，偏見がない・先入観がないということである。

　多くの人が先入観や過去の経験から，先の行動を考えたりするが，そのような人は他人からもたされる「よい情報」も無意識にブロックしてしまう。これがもし，中立（ニュートラル）の立場であったなら，素直に受け入れて「とりあえずやってみよう」というフットワークの軽さがもたらされる。そしてそれが，結果的に新しいチャンスや成功につながる場合も生まれてくる。この「とりあえず」的に行動して「今を生きている」人が，最終的には人生を楽しんでいることにつながっているのではないだろうか。

🔵 演習課題

課題1：1876（明治9）年に東京女子師範学校附属幼稚園が創設されて以降，今日に至るまで保育者観がどのように変容してきたか，まとめてみよう。

課題2：「幼稚園教諭」「保育士」「保育教諭」の制度的位置づけの異なりについてまとめてみよう。

課題3：「幼稚園教諭免許状」「保育士資格」の取得方法の違いをまとめてみよう。

🔵 参考文献

早瀬眞喜子・山本弥栄子「幼稚園教育要領・保育所保育指針の変遷と保育要領を読み解く」プール学院大学研究紀要，第57号，2016，pp. 365-380.

日本保育学会編『保育学講座1　保育学とは：問いと成り立ち』東京大学出版会，2016.

柴本枝美「幼稚園の教育課程の変遷に関する一考察：自然にかかわる保育内容に焦点をあてて」教育法の探求，9，2006，pp. 1-8.

第**3**章　保育の場の動向と保育者に求められる資質・能力

　本章ではまず，現代における保育の現場と，そこで働く保育者に求められているものは何かを知る。これをふまえて，保育者に必要とされる役割，およびその役割を果たすために必要な資質・能力について解説する。

　保育者を志望する者も，資格保持者も多く存在するにもかかわらず，現場では保育者が不足している，この状況に対し国は対策をとりつつある。保育者に求められる資質・能力は多岐にわたるが，心身の健康を保ち，さまざまに自己研鑽をすることが大切である。

1　多様な保育ニーズ

（1）保育需要の動向

　保育所に子どもを預けたいのに，園側の定員が埋まって受け入れてもらえない，いわゆる待機児童の問題は，20年以上も前から問題になっており，いまだに抜本的な解決策が見えてこない。全国の待機児童の総数は，2020（令和2）年4月の段階で12,439人となっている[1]。この数は教育・保育施設の利用申請をしていながら利用できていない子どもの数をあらわしたものである。そのため特定の保育所（家から近い園，兄弟そろって同じ園等）に預けたいといったケースや，保育所に入れずやむを得ず育休を延長した親の子ども，といった数は入っていない。よって，実際の待機児童はもっと多いと考えられる。親子が本当に希望する園に希望する時期に入園できる状態からは程遠い。

　ところで，待機児童問題という言葉は新聞やテレビなどでよく耳にするが，実はこの問題自体は都市部を中心とした地域や沖縄などの限定された地域，具体的にいうと，全市町村の約23％で発生しているに過ぎない。その他約77％の自治体については，むしろ少子化のため子どもが減っており，定員を満たして

1）厚生労働省子ども家庭局保育課「保育所等関連状況取りまとめ（令和2年4月1日）」2020.

いない保育所がある所も珍しくない。また，都市部・地方に限らず，共働き家庭の増加により，幼稚園よりも保育所への入園希望者が増えていることで，幼稚園に入園する子ども減少している傾向がある。つまり，一言に待機児童問題といっても，全国の保育・教育施設に一斉に同じような対応をするのではなく，その地域ごと，状況ごとの保育ニーズに合わせた対応が必要になる。

　量に関するニーズだけでなく，保育を必要とする時間が多様化していることにも注目したい。社会の変化の中で，子どもや子育てを取り巻く環境が大きく様変わりしている。各々のライフスタイルや生活時間に合わせて，延長保育や一時保育，24時間保育など，さまざまな時間帯での保育が実施されている。

　質の面でも多様なニーズがある。環境変化を受けて増加しているさまざまなアレルギーにどう対応するか，情報化した現代に合わせてICT（情報通信技術，p.113参照）を活用した保育をどう展開していくか，気候変動や人口流動により，頻発するようになった災害から子どもたちをどう守るか，外国にルーツをもつ世帯や貧困世帯の増加に応じてどのような環境を設定するか，子育ての難しさから発生する虐待をいかに防ぐか，あるいは虐待がすでに起こっている家庭にどうかかわっていくか等々，ますます複雑な配慮が必要になっている。

　また，子どもの頃に受けた逆境的な体験が成人後の健康状況や行動，生活習慣などに及ぼす有害な影響や，その治療，予防などに関するさまざまなACE[*1]研究の報告[2]や，乳幼児期に非認知能力[*2]を伸ばす大切さを強調したヘックマン（Heckman, J. J.）の研究報告[3]など，乳幼児期のかかわりのあり方についての研究結果が世界的にも話題になっている。保育・教育の質を確保することの重要性が，全世界的に改めて認識されている。

　これらを概観しても，保育者には，年々高度な専門性が求められており，その役割も多様化・複雑化しているということがあきらかである。

　保育現場で働く専門職には，保育学的な学びばかりでなく，多岐にわたる分野の学びが欠かせない。職場内外での研修や勉強会などの機会を充実させ，専門性を向上させていかねばならない。テレビや新聞などで，現代社会の情勢を把握することも必要である。

② 保育者に関する動向

　前節で述べた保育ニーズに対応できるだけの保育者は，量・質ともに確保できているのだろうか。そもそも，保育者になりたいと考える若者はどれぐらいいるのだろうか。また。保育・幼児教育の現場は，保育者がきちんと定着できる，働きやすい環境なのだろうか。これらについて見ていきたい。

*1　ACE

Adverse Childhood Experience（逆境的な子ども時代の体験）の頭文字を指す。1990年代末頃アメリカから始まり，現在世界各国で研究されている。

2）ドナ・ジャクソン・ナカザワ（清水由貴子訳）『小児期トラウマがもたらす病　ACEの実態と対策』パンローリング，2018.

*2　非認知能力

IQ等，数値的に測れる「認知能力」ではなく，目標に向かいやりぬく力，社会性のあるコミュニケーション，感情のコントロール等の，数値で測れない力のこと。ヘックマンは40年以上にわたる追跡調査をもとに，幼少期に非認知能力を身に付けたか否かで，成人後の犯罪率や経済的安定に影響があるという研究結果を出している。

3）ジェームズ・J・ヘックマン（古草秀子訳）『幼児教育の経済学』東洋経済新報社2015.

（1）なりたい職業ランキング

　さまざまな企業が子どもたちに「将来なりたい職業はなにか」というアンケートを行っている（表3-1）。その中で「保育士・幼稚園教諭」は，男の子の希望する職業ランキングには入らないものの，女の子のランキングにはほぼ必ず上位に入っている。特に高校生という具体的に将来の仕事に直結する進路選択を迫られる段階でも，上位にランキングされていることが多い。これを見ても，保育者は人気の職業であると考えられる。

（2）保育者の数

　わが国には，実際に保育者はどれくらい存在するのであろうか。厚生労働省「平成30年社会福祉施設等調査」によると，2019（令和元）年10月1日現在，社会福祉施設で勤務している保育士は40万738人であり，このうち保育所や認定こども園には38万94人，地域型保育事業所には2,007人，それ以外の児童福祉施設には1万8,630人の保育士がそれぞれ勤務している。

　また，文部科学省「令和2年度学校基本調査」によると，2020（令和2）年5月1日現在，幼稚園の教員数は9万1,785人，幼保連携型認定こども園の教員数は12万785人となっている。

　2020（令和2）年4月1日現在，厚生労働省が把握している保育士として登録されている者は166万5,549人おり[4]，この数は年々増加している。

4）厚生労働省webサイト「保育士登録者数等（男女別）」（https://www.mhlw.go.jp/content/000656131.pdf）.

表3-1　なりたい職業ランキング

・調査期間2019年7月～9月 ・保育所・幼稚園および小学校　1,000人対象 ・女の子のランキング	・調査期間2019年6月25日～7月2日 ・ネットエイジアリサーチモニター会員を母集団とする全国の中高生　1,000人対象 ・高校生女子のランキング
1位　食べ物屋さん	1位　公務員
2位　保育所・幼稚園の先生	2位　看護師
3位　看護師	3位　歌手・俳優・声優などの芸能人
4位　医者	4位　カウンセラーや臨床心理士
5位　飼育係・ペット屋さん・調教師	5位　会社員
6位　学校の先生（習い事の先生）	6位　教師・教員
7位　美容師	7位　保育士・幼稚園教諭
8位　デザイナー	8位　漫画家・イラストレーター・アニメーター
9位　歌手・タレント・芸人	9位　文章を書く職業（作家・ライターなど）
10位　薬剤師	10位　ショップ店員

第一生命第31回「大人になったらなりたいもの調査結果」（2020年4月30日　第一生命保険）および「中高生が思い描く将来についての意識調査」（2019年8月6日　ソニー生命）を基に，筆者が作成

（３）保育の場の人材不足

これまで見たように，わが国で保育・幼児教育職に就きたいという若者は大変多く，保育士登録者数も多くいる状態で，保育現場での人材数は一見，十分に満たされている上，今後も心配がないように見受けられる。

しかし実際の保育現場では，慢性的な人手不足が続いている。2018（平成30）年４月の有効求人倍率は，全職種が1.52であるのに対し，保育士の値は2.52であった[5]。園によっては，新年度に十分な保育者数を確保できないために，泣く泣く入園希望者を断らざるを得ないということも起こっている。

厚生労働省のレポート[6]によると，2013（平成25）年３月現在，ハローワークへの求職登録をしている保育士資格保持者のうち，保育現場への就職を希望している者は51.5％であった。また，幼稚園教諭の資格保持者についても，幼稚園現場への就職を希望している者は42.7％という結果であった。有資格者であっても，保育者としての仕事を希望するとは限らない。

2018（平成30）年に東京都の保育士を対象に行われた調査[7]では，現在退職したい理由として１位から順に「給料が安い」「仕事量が多い」「労働時間が長い」「職場の人間関係」となっている。また実際に退職した理由は１位から順に「職場の人間関係」「給料が安い」「仕事量が多い」「労働時間が長い」となっている。これらの回答から，保育者の働く現場の余裕のなさがうかがえる。

給料の安さ，労働時間の長さ，現場の人間関係等，保育・幼児教育現場は，労働の場として考えると，難しい面がたくさんあることがわかる。

（３）近年の保育者の処遇改善について

このような現状をふまえ，わが国は近年，保育者の処遇改善や専門性の強化を目指して，積極的な施策を打ち出し始めている。

2013（平成25）年度からは「保育士処遇改善等加算」として，勤続・経験年数に応じた賃金改善や，キャリアアップの取り組みを行った保育所に対して保育士の給料を上げるための補助金の支援などが実施された。

また，2017（平成29）年に告示された保育所保育指針には「保育所においては，当該保育所における保育の課題や各職員のキャリアパス[*3]等も見据えて，初任者から管理職員までの職位や職務内容等を踏まえた体系的な研修計画を作成しなければならない」ことが明記された。

子ども・子育て支援法に基づく特定教育・保育等に要する費用の額の算定には，2017（平成29）年度より，技能・経験を積んだ職員に対する処遇改善のための加算が創設され，この要件に研修の受講が課されている。

5）厚生労働省 web サイト「保育士の有効求人倍率の推移」(https://www.mhlw.go.jp/content/000636780.pdf).

6）厚生労働省 web サイト「労働市場分析レポート【平成25年３月29日】主な人手不足職種に関するハローワーク求職者の免許・資格の保有状況」(https://www.mhlw.go.jp/seisakunitsuite/bunya/koyou_roudou/koyou/roudou_report/dl/03.pdf).

7）東京都保健福祉局「東京都保育士実態調査報告書」2019.

＊3　キャリアパス
Career（職歴）Path（道）とは，仕事において，どのような方向に進みたいのかを考え，そこに向かって進む道筋のこと。

　さらにはこれらの状況をふまえ，「保育士等キャリアアップ研修ガイドライン」が2017（平成29）年に策定され，各都道府県あるいは都道府県知事の指定した研修実施機関で「保育士等キャリアアップ研修」が行われることとなった。

　この研修は，保育現場におけるリーダー的職員の育成に関する研修である。一定の現場経験を経た者がこの研修を受講すると，園内の職員数によって人数制限はあるが，「副主任保育士」「専門リーダー」「職務分野別リーダー」といった役職に就くことができ，役職に応じた手当が支給されることとなった。

　これらのさまざまな施策により，2012（平成24）年からの7年間で保育士の給与は約13％アップし，これに加えてキャリアアップ研修の受講者は最大4万円が加算されることになった。

　また現在，給与と並んで退職理由になりがちである労働環境や，保育現場の人間関係への働きかけについても，新たな取り組みが始まっている。2018（平成30）年5月に厚生労働省に設置された「保育所等における保育の質の確保・向上に関する検討会」は，2020（令和2）年6月に検討結果を取りまとめた報告書[8]を出した。その中には，保育所内の職員集団のマネジメントに言及し，「職員間で互いの良さに着目し，認め合う関係が築かれることが求められる」とし，子どもが一人の人間として尊重される保育が実現されるためには，「一人一人の保育士等もまた行為の主体として尊重されることが必要であるという認識が，保育所の内外でより共有されるべき」という姿勢を示している。

　同時期，2020（令和2）年2月には厚生労働省に「保育の現場・職業の魅力向上検討会」が設置された。ここでは，保育士の確保や専門性の向上を目指し，保育士の働き方改革や業務改善，職場環境の整備なども含めた検討が行われている。

　国だけでなく，個々の保育所や幼稚園などにおいても職員のための福利厚生に関する取り組みに積極的になりつつある。有給休暇消化率100％，完全週休2日制，充実した家賃補助，持ち帰り仕事なしなど，働きやすい環境を整備する職場が増えている。先述した「退職したい理由」「退職した理由」の上位にある職場内人間関係についても，メンター[*4]制度や，管理職による定期的な面談の実施など，少しでも働きやすい環境を整えるため，現場ごとにさまざまな工夫がなされている。

　本来，保育者の仕事は，日々多くのやりがいや喜びに満ちた仕事である。だからこそ子どもたちの「なりたい職業」の上位にも長年ランキング入りする職業なのである。国の施策としても，個々の現場でも給与や職場環境の改善がなされる今，保育者は魅力的な仕事として再構築されつつあるといえよう。

8）保育所等における保育の質の確保・向上に関する検討会『議論のとりまとめ―「中間的な論点の整理」における総論的事項に関する考察を中心に』2020.

*4　メンター
　各職場で新人を指導し，支援する先輩のこと。職場にもよるが，ベテランよりも，新人と年齢が近い入職数年の先輩がメンターの役割を任されることが多い。

3　保育者に求められる役割と知識・技術および資質・能力

（1）保育者に求められる役割

全国保育士会倫理綱領（第7章 p.93に全文掲載）の前文には，以下のように書かれている[9]。

　・私たちは，子どもの育ちを支えます。

　・私たちは，保護者の子育てを支えます。

　・私たちは，子どもと子育てにやさしい社会をつくります。

この3つは，保育士だけでなく，幼稚園教諭，保育教諭も含めたあらゆる保育者の役割だといえよう。単に子どもとかかわればよいということではなく，その育ちを支えるという意図を持ったかかわりを果たさなければならない。また，子どもだけでなく，保護者ともかかわり，その子育てを支援しなければならない。さらには，目の前の子どもや保護者だけでなく，視点を広く持ち，社会全体に目を向ける必要がある。つまり，ミクロ，メゾ，マクロ[*5]というあらゆる視点から，きめ細かく広い視野で活動する役割が求められている。

また，これらの役割は，当然ながら子どもの最善の利益の尊重や，生存権，意見表明権など，子どもの基本的人権についての考え方や倫理観に基づき，果たされるべきものでなければならない。

（2）保育者に求められる資質・能力

この3つの役割を果たすために保育者に求められる資質や能力にはどのようなものがあるだろうか。筆者が考える資質・能力はこのようなものである。

① 子どもの発達に関する知識・技術とこれを活用する能力
② 生活援助の知識技術と，生活の喜びを子どもに伝える能力
③ 子どもが生活する環境を整え，その環境に適切にかかわる能力
④ 子どもや保護者との関係を構築する能力
⑤ 同僚や関係専門機関・地域住民と連携する能力
⑥ 社会の変化に合わせて自らの知識・技術を研鑽する能力
⑦ 心身の健康と機嫌のよさ

以下，先にあげた保育ニーズとも関連づけながら解説する。

1）子どもの発達に関する知識・技術とこれを活用する能力

厚生労働省「保育所保育指針解説」（以下，本章において解説書）には，保育所保育士に必要とされる知識・技術の一つとして「乳幼児期の子どもの発達に

9）全国社会福祉協議会・全国保育協議会・全国保育士会「全国保育士会倫理綱領」2003.

*5　マクロは「大きいこと」「巨視的なこと」，メゾは「真ん中の」「中間の」，ミクロは「小さいこと」「微視的なこと」を指す。例えば，目の前の子どもや保護者の発言の意味といった小さな視点から，園のクラス集団の動き方や職場のあり方といった中くらいの視点，その職場がある地域や市町村の文化，行政，時には国の施策といった非常に大きな視点まで，あらゆる視点から多角的に状況を理解することが大切である。

関する専門的知識を基に子どもの育ちを見通し，一人一人の子どもの発達を援助する知識及び技術」があげられている[10]。

　一生の間で最もめざましい成長・発達を遂げる子ども時代にかかわる保育者には，発達についての基本的な知識・技術の理解が欠かせない。子どもの発達は個々さまざまであり，だからこそ，一般的な発達の基礎的な知識があることで，今後の見通しのヒントが得られ，それぞれの子どもに合わせた保育の展開とバリエーションを考えることができる。一般的な発達のあり方についての知識は，その姿と今目の前にいる子どもの姿を比較して「これができていない」「もっとこれができるようにならないと」と成長・発達を急がせるものではなく，今，目の前にいる子どもの姿を尊重した上で，次の保育にどのように展開していくかと考える際の手掛かりになるものである。

　また，発達に関する知識・技術を「知っている」あるいは「頭で理解している」状態だけではなく，「行動に活用できる」状態でないと，実際の子どもの支援には役に立たない。例えば，手遊びや児童文化財などについて，子どもの発達の知識があると，よりその子どもが遊び込める展開を考えることができる。

２）生活援助の知識技術と，生活の喜びを子どもに伝える能力

　解説書には，保育士に必要とされる知識・技術として「子どもの発達過程や意欲を踏まえ，子ども自らが生活していく力を細やかに助ける生活援助の知識及び技術」[11]があげられている。

　子どもは，自らの生活を取り巻くあらゆるものから，生活することそのもの―衣食住に関するその土地の文化に基づいた日常生活のスキル，公共の場所での過ごし方，他者とのコミュニケーションのあり方，安定した生活リズム等―を，意識的・無意識的に自らの心と体に取り込み，気持ちよく安定した日々の生活が送れるすべを身につけていく。保育者は子どもに対して時には行動のモデルとなり，時には一緒に作業をする者となり，時には新たな情報を与える者となり，子どもが自分で自分の生活を形づくることができるように支援する。そのためには，保育者は子どもの発達を見極め，「子どもは自ら生活する意欲と力がある」ということを信じ，ともに生活を楽しむ姿勢でいることが望ましい。これにより，発達に応じた，適切な支援ができるようになる。

　児童養護施設や乳児院といった社会的養護の施設で働く保育者の場合，「生活援助」の意味はさらに深くなる。入所している子どもの中にはそれまでの人生で基本的な生活習慣を得られていないケースも少なくない。朝起きて顔を洗って歯磨きをし，栄養バランスの考えられた食事を一日三食食べ，夜には温かい布団に入り，朝まで安心して眠ることができる，「あたりまえ」の生活環境を生まれて初めて体験する子どももいる。そのような子どもに，気持ちよく

10）厚生労働省「保育所保育指針解説」2018, p. 17.

11）同10），p. 17.

日常生活を暮らすとはどういうことなのか，日々の生活の中で伝えていくことが保育者の重要な仕事となる。それは単に炊事・洗濯・掃除をし，生活環境を整え，また子どもがそれらの生活スキルを身につけられるように支援するといった知識・技術があればよいわけではない。「冷めたご飯は温め直したほうがおいしい」「きれいに雑巾がけをした廊下は気持ちよい」「脱いだ靴は揃えて端に置いておくと後の人に失礼がない」「暑くなってきたから衣替えをする」「夜遅い時間に大声を出すと近所迷惑だ」といった当たり前の生活感覚が子どもたちの日常生活に沁み込むようなかかわりができるかということである。

　また，保育所や認定こども園，幼稚園での生活の多くは，「遊び」で構成されている。解説書では「子どもの経験や興味や関心に応じて，様々な遊びを豊かに展開していくための知識及び技術」[12]も保育者に必要な知識・技術としてあげている。子どもは世界に対する興味・関心に満ちており，遊ぶ力を持っている。保育者は，子どもが遊びをより豊かに展開するにはどうすればよいか，発達や遊びについての知識と目の前の子どもの姿を軸に，保育を考える。子どもが世界への関心をもちつつ，それを心と体でいっぱいに楽しむことができるような，さまざまな遊びを子どもとともに実践し，ともに遊びを楽しむ。

　倉橋惣三は著書『育ての心』の中で，「いきいきしさ」について以下のように述べている[13]。

12）同10），p. 17.

13）倉橋惣三『倉橋惣三選集　第3巻』フレーベル館，1965，p. 33.

> …あなたの目，あなたの声，あなたの動作，それが常にいきいきしているものでなければならないのは素より，あなたの感じ方，考え方，欲し方のすべてが常にいきいきしているものでなければならない。
>
> 　どんな美しい感情，正しい思想，強い性格でも，いきいきしさを欠いては，子どもの傍に何の意義も有しない。…

　保育者が子どもとともに生活を営んでいく上で，ここに述べられている感覚，いきいきしさこそ，大切にしたいものである。いきいきしさは，何気ない日常生活の中でこそにじみ出るものである。

　子どもが「変わらない日常生活を過ごせる安心感」と「生活や遊びの工夫と楽しさ」を感じられるようにするためには，保育者自身が生活者としてのセンスと，家事をはじめとした生活全般のスキルを持っていることが必要である。またそれを単なる技術としてではなく，生きていく上で大切にしたい価値として子どもたちに伝える能力，さらには子どもたちに自然と伝わるいきいきしさとして，持っていたいものである。

3）子どもが生活する環境を整え，その環境に適切にかかわる能力

　解説書には，保育士に必要とされる知識・技術として「保育所内外の空間や様々な設備，遊具，素材等の物的環境，自然環境や人的環境を生かし，保育の

環境を構成していく知識及び技術」[14]があげられている。

14）同10），p. 17.

　保育者が子どもの生活環境を考えるとき，まずは子どもにとって清潔で安全で安心できる生活環境を整えることが基本となる。日々の清掃や消毒の徹底，子どもの動線を考えた家具や日用品の配置，おおむね見通しの立つ日々の生活リズムなど，まずは当たり前の日常を過ごせるように配慮する。保育者も子どもにとって重要な人的環境になるのだから，自らの言動が子どもにどのような影響を与えるのか，よく考えた言動をとることも大切である。

　これに加えて，子どもが日々の生活の中で自分なりの興味・関心を深められる環境の設定を心がけたい。子どもにとって，かかわる人やモノ，情報，文化など，身の回りのすべてが，生きていく教材としての価値を持つためである。小動物のお世話ができる水槽や虫かご，おもちゃを自分で出し入れしやすい棚，さまざまな草花，たくさんの絵本，物語や図鑑，保育者や友達と一緒に歌う歌，散歩途中に出会う人，季節ごとの年中行事…。これらによって子どもの興味・関心は広がっていく。

　また，子どもが危険なものや危ないものに触れないで済むような配慮は非常に大切であるが，これと同時に各々の発達に合わせて子どもが自分で危険なものとの付き合い方を覚えていけるような環境設定も重要である。外遊びの最中に蜂が来たらどうするか，少し高い木に登りたいがどうするか，交通量の多い道をどう通行するか，工作の際，はさみやカッターをどう使うか，包丁や火を使っての料理で気をつけることは何か。これらは多少危険が伴っても，大切な生活の学びである。子どもたちの挑戦や冒険は，成長に大きな影響を及ぼす。保育者は子ども一人ひとりの発達をよく見極め，必要に応じて目や手をかけて，環境設定のあり方を判断する力が求められる。

　物的・空間的環境を整えた後，それらの環境へのかかわり方のモデルになることも，保育者の人的環境としての役割である。保育者が掃除をしたり，机や椅子を協力して運んだり，花瓶に花を生けることを楽しんだりすることで，子どもたちは生活環境の整え方と，その環境下での過ごし方を理解していく。

　ある園の園庭の隅には，小さな石づくりのお墓がある。この園では，クラスで飼っていた虫や金魚などが死んでしまうと，「もう動かないね。悲しいけどお別れだね。ちゃんと埋めてあげようね」と，クラス全員でそのお墓の近くの土を掘り，そっと埋葬し，土をかぶせる。手を合わせ祈る保育者の姿を見て，子どもたちも一緒に手を合わせる。この園の子どもたちは，小さな虫一匹にも大切な命が宿っており，命を大切にするとはどういうことか，死に際してどう向き合うのか，保育者の振る舞いから学んでいく。

　子どもが生きる環境を整える力，さらには保育者自身が大切な環境であるこ

とを自覚して動ける力が，保育者には求められるのである。

4）子どもや保護者との関係を構築する能力

　解説書には，保育士に必要とされる知識・技術として「子ども同士の関わりや子どもと保護者の関わりなどを見守り，その気持ちに寄り添いながら適宜必要な援助をしていく関係構築の知識及び技術」や「保護者等への相談，助言に関する知識及び技術」があげられている[15]。

15）同10），p. 17.

　乳児期に母親など特定の他者から安定的な一貫した愛着関係を構築することは，人や社会への基本的信頼を育む基盤となる。その安定した養育関係を安全基地として，やがて子どもは，他者へも情緒的関係を広げていく。このプロセスをしっかりと経験することで，いずれさまざまな関係性の中で自分をつくり上げていく。幼児期，児童期になると，時には他者と深くつながり，時には葛藤を経験することで，この社会におけるより複雑で多様な人間関係のあり方を学んでいく。保育者は子どもに寄り添い，子どもが自分なりの関係性を構築していくことをサポートする。この際にも，保育者が子どもと適切な信頼関係を築くことで，適切なサポートが可能となる。

　保育者が子どもの乳児期および幼児期・児童期の温かく情緒的なつながりの大切さを認識し，そのつながりを構築する方法を理解し，実践することは，その保育者がかかわる子どもの人生に大きな影響を及ぼすものである。

　また，保育者は子どもだけでなく，子どもの保護者とも関係性を構築することも必要である。保育者を目指す学生からは「子どもはかわいいけれど，子どもの親とうまく話ができるか不安だ」という声が聞かれることもある。だが，保育者は保護者を無視して，自分勝手に子育てをする仕事ではない。もちろん，保護者に遠慮して，なんでも保護者の言うことを聞く存在でもない。国際連合の「児童の権利に関する条約」（子どもの権利条約）では，子育ての第一義的責任は保護者にあり，国や社会は保護者がその責任を果たすことができるようにするために，適切な援助を行うものとされている。保育者はたしかに保育に関する専門職ではあるが，保育を保護者から取り上げて勝手にやってしまう仕事ではなく，保護者とともに子どもを育てる存在として，協働していく仕事である。保護者とともに子育てに悩み，喜び，考えていくためには，保護者と良好な信頼関係を築く能力と技術が必要とされる。

　それは例えば，虐待をしてしまう親など，一見子どもに対して害を及ぼすようなかかわり方をする保護者に対しても同様である。まずはその保護者の存在をありのまま受容し，いずれは適切に親役割が果たせるようになるために，子どもの発達とその保護者の状況に応じた子どもとのかかわり方を一緒に模索していく。

　ある児童養護施設の職員が，若い頃の経験談として「ある子どもは虐待されてきたというのに，お母さんが大好きなようだった。なぜこんな小さな子どもに殴る蹴るといったことができたのかと考え，母親に対してどうしても腹が立って，つっけんどんな態度をとってしまっていた。そのせいか，そのお母さんも私が苦手だったようだ」と筆者に話してくださったことがある。

　子どもにとっては，大好きなお母さんと，毎日自分のお世話をしてくれる保育者が，お互いによい印象を持っていないと複雑な気持ちになるであろう。それは例えば，自分に置き換え，家の中で大好きな父と母がいがみ合っている状態の気持ちを想像すると，それに近いものが理解できるのではないだろうか。

　子どもはもちろん，大人であっても，他者とかかわることが苦手な人，つらいときに誰かに相談することが難しい人，人づき合いが消極的な人や攻撃的な人などもいる。保護者自身が基本的な信頼関係の構築に乏しいまま大人になってしまった場合であればなおさらである。

　保育者だからといって，大人に対しても子どもに対しても，最初から誰とでも良好な関係性を取り結ぶことができるわけではない。保育者個人の関係構築力に加え，かかわる時間の長さや質が信頼関係を深めていく。子どもや保護者との関係性構築において一番大切なことは，相手との適切な関係性を取り結ぶことをあきらめず，さまざまなかかわりのあり方を考え，工夫し，相手に向き合い続けていこうとする真摯な態度と精神力であろう。

　また，一度構築された子どもと保育者との温かく適切な関係は，子どものその後の人生全体の大きな財産になる。保育所や幼稚園などでは，大好きだった先生のような保育者になりたいからと，卒園した園でボランティアやアルバイトをしている若者がいる。児童養護施設などでは，施設を出て大人になってからも，悩みを相談しに来たり，結婚・出産の報告に来たりといったことが珍しくない。制度上，契約された支援の期間が終わった後も，大切なつながりの一つとしてあり続けることが，その子どもの人生に大きな力を与える存在になるのである。

5）同僚や関係専門機関・地域住民と連携する能力

　園でクラス担任になったからといって，そのクラスの子どもについて，担任が何もかもしなければならないというわけではない。子どもの育ちには，体の育ち，心の育ち，社会関係，法制度など，さまざまな側面についての支援が必要とされる。また，子どもたちの個性，興味・関心もそれぞれ違う。それらにすべて対応することは，一人の保育者の力量だけでは無理がある。

　もちろん保育者個々人には，自己研鑽を重ね，よい保育ができるようになるために知識・技術を向上させる努力が欠かせない。しかし，保育者は完璧な保

育を全うするために仕事をしているのではなく，子ども一人ひとりの健やかな心身の成長・発達のために仕事をしている。それならば保育者は，「自分がさまざまな状況に対応できる完璧な保育をできるようになる」という自分中心の保育ではなく，「自分ができない部分はさまざまな専門性をもった人を頼り，連携することで，子どもの保育を多方面から構成する」という子どもの状況を中心に置いた保育を目指したほうが，個々の子どもに応じた適切で現実的な保育が可能になるのではないだろうか。

　つまり保育者には，職場の同僚やさまざまな専門機関，地域の人々などと連携する能力，チームワークで動ける能力が必要ということになる。

　そのためには，職場や関係専門職，地域の人々とのかかわりにおいて，日頃から対話的で話し合える環境や文化をつくることが大切である。普段からのコミュニケーションが円滑であれば，遠足や運動会といった特別な行事や，地域でのイベント参加，災害等の思わぬトラブルのときも，適切なチームワークで目標に向かって協働することが可能になる。

　また，医療的ケア児*6への対応，地震や水害等に際した防災体制の整え方，外国にルーツのある子ども*7の保育などの最新の知見と対応方法について，専門職や学識経験者を招いて園内研修をすることで，保育者だけでは得られない知識・技術を深めることができる。

　研修や勉強会も，時には当該地域にある園同士が連携すればお互いに刺激となり，研鑽が深まる。それぞれの園の保育のあり方について意見や情報を交換するだけでも，お互いに日頃の保育を見直すきっかけにすることができる。

　また，要養護児童や要支援児童が増えている今，保育所や幼稚園，認定こども園でも虐待ケースや緊急一時保護が必要なケースが発生する可能性もある。いざというときに子どもが守れるように，普段から市町村の子ども担当の窓口や児童相談所，民生委員，小中学校，児童福祉施設といつも連携をとれるようにしておく必要がある。これらのネットワークをつくる技術も必要である。

　ところで，子ども達も，保育者だけでなくさまざまな人との交流を通じて，豊かに成長する。園内バザーで友達の保護者とかかわる，農作物の育て方を近所の農家の人から教えていただく，散歩のときにいつも出会う商店街の皆さんの仕事を間近で見せていただく，地域の読み聞かせボランティアグループに絵本を読んでいただく，地域にある大学の人形劇クラブに講演に来てもらうなど，さまざまな人に協力を依頼し，直接子どもにかかわってもらうことで，子どもの経験は増えていく。また，同時に，その地域全体の子育て力が向上することにもなる。保育者には，こうしたネットワーク的視点を持って，さまざまなつながりをつくっていく力が求められる。

＊6　医療的ケア児
　たんの吸引，胃ろう，人工呼吸器の使用，インスリンの注射など，日々の生活の中で，日常的に医療ケアが必要な子どものこと。現在，全国で増加中しているが，医療的ケアを十分に実施できる教育・保育施設はわが国にはまだ少ない。このような子どもの社会的な支援が課題となっている。

＊7　国籍に関係なく，両親もしくは親の片方が外国出身の子ども。言葉の壁や文化の相違，宗教上の禁忌，経済的問題，保護者対応など，さまざまな点で配慮が必要である。また，必要な支援の量も種類も程度も個々の家庭状況によって大きく違うため，きめ細かい対応が求められる。

6）社会の変化に合わせて自らの知識・技術を研鑽する能力

　子どもの心と体の成長・発達に関しては，日々新たな発見がなされ，研究成果が公表されている。法律や制度の改正をはじめ，子どもの発達支援を行う基盤となる社会の仕組みも刻々と変化する。手遊びや絵本，紙芝居や映像作品等児童文化についても，古くからのよい作品は膨大にあるし，新たな作家のすばらしい作品も次々と世に出されている。保育者が自らの保育力を向上させるためには，今もっている知識・技術だけでなく，それをさらに自己研鑽する努力が欠かせない。一度専門的な知識や技術を学んだとしても，それで終わりではなく，日々それらをアップデートさせていく意識を持っていないと，適切な保育をすることができなくなってしまう。

　学びにはきりがなく，途方に暮れてしまうかもしれないが，一度学んだことは決して無駄にはならない。養成校の講義や国家試験の受験勉強などで基礎をしっかり学び，その上で時代に応じた学びを重ねることで，時代に応じつつも大切なことを見失わない，充実した保育を行えるようになるのである。

7）心身の安定と機嫌のよさ

　自分が保育者になったと考えてみてほしい。自分が働く職場に，常に文句を言い，つらそうにため息ばかりつき，いつもイライラして機嫌が悪い人がいると想像してみてほしい。その一方で，いつも自然体で機嫌がよく，自分らしくある人を想像してほしい。あなたはどちらの人と働きたいと思うだろうか。そして，あなた自身はどちらの人でありたいと思うだろうか。また，あなたがその場を利用している子どもであると想像してほしい。どちらの保育者と一緒にいたいと思うだろうか。

　どの答えも，後者の機嫌のよい人になるのではないだろうか。

　保育者は，機嫌がよい状態を保つことが大切である。どんな職場でも，機嫌が悪い人がいると，一緒にいるだけで作業効率や職場の雰囲気がぎくしゃくしたものになりかねない。そう考えると，機嫌よくあることは，社会人としてのマナーといってもよいであろう。これに加えて，保育者はそのあり方自体が，子どもや保護者の重要な環境になるのである。機嫌のよさを保つことは保育者として大切な技術である。

　ここでいう機嫌がよい状態とは，無理やり自分を底抜けに明るく元気で大きな声で走り回れる状態にする，ということではない。一般的に「保育者は元気で明るくはきはきとしていることが理想」というイメージが強いが，相手を無視した明るさや元気さ，ハイテンション等は，単に世間が考える「保育者イメージ」を演じているだけであり，そこに真実性はない。明るく元気でいる自分を演じるのではなく，自然体の笑顔でいられる自分かどうかということを大切に

したい。

　ここでいう機嫌のよさとは，周囲と自分の状況を見ることができる落ち着きがあり，その場に存在することを受け入れられる自分でいることである。先述した「いきいきしさ」も，この機嫌のよさが土台になるのではないだろうか。

　そのために自分自身が機嫌よくいられる方法を知っておくことが大切である。瞑想など，心を落ち着かせる時間をとること，さまざまなことについて深く語り合える信頼できる人間関係をつくること，栄養と睡眠をしっかりととること等，自分に合った心身のメンテナンス方法を探るとよい。やけ食いや飲酒，衝動買い等，極端な行動でストレスを発散させるという方法をとる人もいるが，適切に行わないと，逆に自分の心身のバランスを崩しかねないので，気をつけたいところである。

　つらさを一人で抱え込まず，皆で助け合いながら，適切に処理できるようになっていたいものである。

　以上，現在の保育者に必要な資質・能力について述べてきた。まずは自分の心と体を健康に保てるよう調整し，落ち着いた前向きな姿勢で物事に取り組めるようにする。その上で，自己研鑽を進めていくことが大切なのである。

● 演習課題

課題1：あなたが今までボランティアや実習など，保育現場で見た保育者の姿から，本章にあげた能力・資質に相当するものを感じたことはあるだろうか。あるとすれば，どんなエピソードだろうか。思い出して書いてみよう。

課題2：「課題1」であげたエピソードについてグループで紹介し合おう。皆の意見を聞いて，どのようなことを感じたか，意見交換をしよう。

課題3：本章にあげた能力・資質の中で，あなたが現在，自信があるものはどれだろうか。一つ選び，それを選んだ理由を書いてみよう。逆に，今後身につけていきたい能力・資質も一つ選んでみよう。それを選んだ理由と，今後どうしていきたいかを考え，書いてみよう。

保育者の職務内容と専門性

第 4 章

保育者の職務内容は「子どもの命を守る」ことが大前提である。本章では，そのための専門職としての法的な根拠や職務内容を具体的に示す。また，"子どもの最善の利益を保障する保育内容" そして，養護と教育を一体的に展開する保育実践の必要性についても学ぶ。保育者は，常に自己研鑽を重ね子ども達とともに学び続ける姿勢と自己を振り返り，未来を見据えた保育の展開ができる専門性が求められている。

1 保育者の具体的な職務内容

（1）保育者の区分

保育者の職務内容については，免許・資格という観点から，大きく幼稚園教諭免許と保育士資格という 2 つに分けられる。この 2 つの職種には，共通点も多いが，これまでの歴史や社会的な位置づけから異なる点も多くある。

まず，何よりも，そもそも管轄の違いがある。幼稚園は文部科学省，保育所は厚生労働省の管轄である。

また，2015（平成27）年に「子ども・子育て支援新制度」が内閣府・文部科学省・厚生労働省共同告示により出され，「幼保連携型認定こども園」（以下，認定こども園）という新たな就学前施設が誕生した。そして，認定こども園で働く幼稚園教諭，保育士を「保育教諭」と呼ぶと明記された。

この 3 つの施設の呼び名やそれぞれの施設の細かな制度や法的な違いはあるが，現在では，この 3 つの施設で働く幼稚園教諭・保育士・保育教諭をひとくくりにして「保育者」と呼んでいる。

（2）法的な職務内容

　ここで整理しておかなければならないことは，幼稚園教諭は，幼稚園で保育を行う教師（文部科学省の管轄）である。それに対して，保育士は保育所（0歳児から小学校就学の始期に達するまでの乳幼児が通う施設）で働く人が大半を占めているが，それ以外にも，保育所のみならず，保育所を含む児童福祉施設で保育を行う福祉職（厚生労働省の管轄）である。つまり，幼稚園教諭は，満3歳から小学校就学の始期に達するまでの幼児の保育が職務内容となる。これに対して，保育士は，保育を必要とする乳幼児だけでなく，小学生や中高生といった18歳未満の子どもの保育を担当する*1。つまり「保育者」は，この両方の免許・資格を有する場合，職務内容としては，0歳から18歳未満の子どもたちの保育を担当するということになる。

　そこで，幼稚園で働く幼稚園教諭は幼稚園教育要領だけ，保育所で働く保育士は保育所保育指針だけ，幼保連携型認定こども園で働く保育教諭は，幼保連携型認定こども園教育・保育要領（以下，教育・保育要領）だけ熟知していればよいのではなく，この3つの要領・指針の内容を十分理解し，一人ひとりの子どもの発達の特性や発達過程等をふまえ，さらには，保育時間に差があること等も当然との認識の上で，日々の保育に当たらなければならない。

（3）幼稚園，認定こども園の教育および保育の基本

　まずは，幼稚園教育要領と教育・保育要領であるが，そこでは幼児期の教育における見方・考え方の基本として，計画的な環境の構成に関連し，教材を工夫すること，また，教育および保育は，園児が入園してから修了するまでの在園期間全体を通して行わなければならないこととされている。このことから，教育および保育において育みたい資質・能力と「幼児期の終わりまでに育ってほしい姿」*2等を前提として，それぞれ第2章の「ねらい及び内容」と関連づけ，保育者の具体的職務内容が示されているといえる。

*1　例えば児童養護施設をはじめとした児童福祉施設では，主に幼児から高校生までの子どもたちが生活している。

*2　第6章, p. 78を参照。

幼稚園教育要領　第1章　総則
第1　幼稚園教育の基本（抜粋）
　このため教師は，幼児との信頼関係を十分に築き，幼児が身近な環境に主体的に関わり，環境との関わり方や意味に気付き，これを取り込もうとして，試行錯誤したり，考えたりするようになる幼児期の教育における見方・考え方を生かし，幼児と共によりよい教育環境を創造するように努めるものとする。

幼保連携型認定こども園教育・保育要領　第1章　総則
第1　幼保連携型認定こども園における教育及び保育の基本及び目標等
　1　幼保連携型認定こども園における教育及び保育の基本（抜粋）
　このため保育教諭等は，園児との信頼関係を十分に築き，園児が自ら安心して身近な環境に主体的に関わり，環境との関わり方や意味に気付き，これらを取り込もうとして，試行錯誤したり，考えたりするようになる幼児期の教育における見方・考え方を生かし，その活動が豊かに展開されるよう環境を整え，園児と共によりよい教育及び保育の環境を創造するよう努めるものとする。

（4）保育所保育の役割

　保育士は児童福祉法において「第18条の18第1項の登録を受け，保育士の名称を用いて，専門的知識及び技術をもって，児童の保育及び児童の保護者に対する保育に関する指導を行うことを業とする者」（第18条の4）と規定されている。つまり，保育士は大きく分けて2つの役割が明示されている。一つは子ども（0歳から18歳未満）の保育を行うこと。次に，その子どもの保護者に対して子育てにかかわる支援を行うことである。この内容については，保育所保育指針「第1章　総則」に明記されている。

保育所保育指針　第1章　総則
1　保育所保育に関する基本原則　（1）保育所の役割
ア　保育所は，児童福祉法（昭和22年法律164号）第39条の規定に基づき，保育を必要とする子どもの保育を行い，その健全な心身の発達を図ることを目的とする児童福祉施設であり，入所する子どもの最善の利益を考慮し，その福祉を積極的に増進することに最もふさわしい生活の場でなければならない。
イ　保育所は，その目的を達成するために，保育に関する専門性を有する職員が，家庭との緊密な連携の下に，子どもの状況や発達過程を踏まえ，保育所における環境を通して，養護及び教育を一体的に行うことを特性としている。
ウ　保育所は，入所する子どもを保育するとともに，家庭や地域の様々な社会資源との連携を図りながら，入所する子どもの保護者に対する支援及び地域の子育て家庭に対する支援等を行う役割を担うものである。
エ　保育所における保育士は，児童福祉法第18条の4の規定を踏まえ，保育所の役割及び機能が適切に発揮されるように，倫理観に裏付けられた専門的知識，技術及び判断をもって，子どもを保育するとともに，子どもの保護者に対する保育に関する指導を行うものであり，その職責を遂行するための専門性の向上に絶えず努めなければならない。

　つまり保育士は，この保育所保育に関する基本原則の4つの内容を十分理解し，入所する子どもの最善の利益を考慮しつつ，その福祉を積極的に増進しなければならない。また，それぞれの施設が子どもたちの一日を過ごす場としてふさわしい「生活の場」となり，家庭との緊密な関係の下で，何より子どもた

ち一人ひとりの生活背景や状況，発達の様子をふまえ，保育に関する専門性を有する保育者が教育および保育を一体的に行うよう努めなければならない。

（5）子どもの理解と発達の特性

先に示した保育所保育指針における基本原則「（1）保育所の役割　イ」にあるように，保育に関する専門性を有する職員（保育者等）が，家庭との密なる関係の下に，子どもの発達の状況や発達過程をふまえ，子どもたちの一日の生命の保持と情緒の安定を一番に考え，養護と教育を一体的に行うためには，子どもの発達の特性および発達過程について，年齢を追って理解しておく必要がある。

その点を考慮すると，わかりやすい発達の特性や発達過程については，2008（平成20）年に告示された旧・保育所保育指針「第2章　子どもの発達」における「1　乳幼児期の発達の特性」および「2　発達過程」がわかりやすい内容となっている。それまでの保育所保育指針に示されていた発達過程を絶対的とするのではなく「おおむね」と明記することで，各年齢でのおおよその目安としての発達過程を示している。この内容を理解し，覚えておくことで，実習やボランティア等に参加したとき，養成校での学び（座学）と，実習やボランティア等（実学）でかかわった子どもたちのおおよその発達過程の内容がつながり，ボランティア活動や評価保育の内容が充実すると考えられる。

この内容については，現在の幼稚園，保育所，認定こども園における要領・指針においても，少しずつその表記の仕方は違うものの「発達の特性を踏まえて」「発達の特徴を捉え」「発達過程を把握し」「発達過程を見通し」という文言が，専門的知識を持った保育者として，当然理解している内容として明記されている。このことからも，子どもの発達の特性および発達過程を理解していることが，保育者としての子ども理解の基礎となる。

> 1　乳幼児の発達の特性
> (1)　子どもは，大人によって生命を守られ，愛され，信頼されることにより，情緒が安定するとともに，人への信頼感が育つ。そして，身近な環境（人，自然，事物，出来事など）に興味や関心を持ち，自発的に働きかけるなど，次第に自我が芽生える。
> (2)　子どもは，子どもを取り巻く環境に主体的に関わることにより，心身の発達が促される。

表4－1　乳幼児の発達過程（旧・保育所保育指針より）

おおむね 6か月未満	・誕生後，母体内から外界への急激な環境の変化に適応し，著しい発達が見られる。首がすわり，手足の動きが活発になり，その後，寝返り，腹ばいなど全身の動きが活発になる。 ・視覚，聴覚などの感覚の発達はめざましく，泣く，笑うなどの表情の変化や体の動き，喃語などで自分の欲求を表現し，これに応答的に関わる特定の大人との間に情緒的な絆が形成される。
おおむね 6か月から 1歳3か月 未満	・座る，はう，立つ，つたい歩きといった運動機能が発達すること，及び腕や手先を意図的に動かせるようになることにより，周囲の人や物に興味を示し，探索活動が活発になる。 ・特定の大人との応答的な関わりにより，情緒的な絆が深まり，あやしてもらうと喜ぶなどやり取りが盛んになる一方で，人見知りをするようになる。また，身近な大人との関係の中で，自分の意思や欲求を身振りなどで伝えようとし，大人から自分に向けられた気持ちや簡単な言葉が分かるようになる。 ・食事は，離乳食から幼児食へ徐々に移行する。
おおむね 1歳3か月 から2歳未満	・歩き始め，手を使い，言葉を話すようになることにより，身近な人や身の回りの物に自発的に働きかけていく。歩く，押す，つまむ，めくるなど様々な運動機能の発達や新しい行動の獲得により，環境に働きかける意欲を一層高める。 ・その中で，物をやり取りしたり，取り合ったりする姿が見られるとともに，玩具等を実物に見立てるなどの象徴機能が発達し，人や物との関わりが強まる。また，大人の言うことが分かるようになり，自分の意思を親しい大人に伝えたいという欲求が高まる。指差し，身振り，片言などを盛んに使うようになり，二語文を話し始める。
おおむね2歳	・歩く，走る，跳ぶなどの基本的な運動機能や，指先の機能が発達する。それに伴い，食事，衣類の着脱などの身の回りのことを自分でしようとする。また，排泄の自立のための身体機能も整ってくる。 ・発声が明瞭になり，語彙も著しく増加し，自分の意思や欲求を言葉で表出できるようになる。 ・行動範囲が広がり探索活動が盛んになる中，自我の育ちの表れとして，強く自己主張する姿が見られる。盛んに模倣し，物事の間の共通性を見いだすことができるようになるとともに，象徴機能の発達により，大人と一緒に簡単なごっこ遊びを楽しむようになる。
おおむね3歳	・基本的な運動機能が伸び，それに伴い，食事，排泄，衣類の着脱などもほぼ自立できるようになる。話し言葉の基礎ができて，盛んに質問するなど知的興味や関心が高まる。自我がよりはっきりしてくるとともに，友達との関わりが多くなるが，実際には，同じ場所で同じような遊びをそれぞれが楽しんでいる平行遊びであることが多い。 ・大人の行動や日常生活において経験したことをごっこ遊びに取り入れたり，象徴機能や観察力を発揮して，遊びの内容に発展性が見られるようになる。 ・予想や意図，期待を持って行動できるようになる。
おおむね4歳	・全身のバランスを取る能力が発達し，体の動きが巧みになる。自然など身近な環境に積極的に関わり，様々な物の特性を知り，それらとの関わり方や遊び方を体得していく。 ・想像力が豊かになり，目的を持って行動し，つくったり，かいたり，試したりするようになるが，自分の行動やその結果を予測して不安になるなどの葛藤も経験する。 ・仲間とのつながりが強くなる中で，けんかも増えてくる。その一方で，決まりの大切さに気付き，守ろうとするようになる。 ・感情が豊かになり，身近な人の気持ちを察し，少しずつ自分の気持ちを抑えられたり，我慢ができるようになってくる。
おおむね5歳	・基本的な生活習慣が身に付き，運動機能はますます伸び，喜んで運動遊びをしたり，仲間とともに活発に遊ぶ。 ・言葉により共通のイメージを持って遊んだり，目的に向かって集団で行動することが増える。 ・さらに，遊びを発展させ，楽しむために，自分たちで決まりを作ったりする。また，自分なりに考えて判断したり，批判する力が生まれ，けんかを自分たちで解決しようとするなど，お互いに相手を許したり，異なる思いや考えを認めたりといった社会生活に必要な基本的な力を身に付けていく。 ・他人の役に立つことを嬉しく感じたりして，仲間の中の一人としての自覚が生まれる。
おおむね6歳	・全身運動が滑らかで巧みになり，快活に跳び回るようになる。これまでの体験から，自信や，予想や見通しを立てる力が育ち，心身ともに力があふれ，意欲が旺盛になる。仲間の意思を大切にしようとし，役割の分担が生まれるような協同遊びやごっこ遊びを行い，満足するまで取り組もうとする。 ・様々な知識や経験を生かし，創意工夫を重ね，遊びを発展させる。思考力や認識力も高まり，自然事象や社会事象，文字などへの興味や関心も深まっていく。 ・身近な大人に甘え，気持ちを休めることもあるが，様々な経験を通して自立心が一層高まっていく。

資料）厚生労働省「保育所保育指針」2008，第2章子どもの発達　2発達過程をもとに作成。

(3)　子どもは，大人との信頼関係を基にして，子ども同士の関係を持つようにな
る。この相互の関わりを通じて，身体的な発達及び知的な発達とともに，情緒
的，社会的及び道徳的な発達が促される。

(4)　乳幼児期は，生理的，身体的な諸条件や生育環境の違いにより，一人一人の
心身の発達の個人差が大きい。

(5)　子どもは，遊びを通して，仲間との関係を育み，その中で個の成長も促され
る。

(6)　乳幼児期は，生涯にわたる生きる力の基礎が培われる時期であり，特に身体
感覚を伴う多様な経験が積み重なることにより，豊かな感性とともに好奇心，
探求心や思考力が養われる。また，それらがその後の生活や学びの基礎になる。

（2008年告示　保育所保育指針「第2章　子どもの発達」より）

（7）保育者の具体的な職務内容

表4－2は，幼稚園，保育所，認定こども園の一日
の流れ（デイリープログラム）の例である。

各施設が，その地域の地域性を考慮して，さまざま
な取り組みをしている。実習生は，実習等に参加した

表4－2　幼稚園・保育所・認定こども園のおおよその一日の流れ

幼稚園	時間	保育所・認定こども園 3歳児以上	時間	0・1・2歳児
時間外保育時間	7：00　8：30	順次登園　時間外保育時間	7：00	順次登園　時間外保育の部屋で室内遊び
室内外で遊ぶ　今日の保育	9：00　10：00	室内外で遊ぶ　今日の保育　（園外保育　等）	9：00　9：30　10：00　11：00	室内外で遊ぶ　おやつ（授乳）　今日の保育　（さんぽ等）　食事（離乳食・授乳）
昼食準備と昼食	11：30	昼食準備と昼食	12：30	午睡
降園（随時降園）　預かり保育時間　おやつ　順次降園	14：00　15：00	おやつ	15：00	おやつ（授乳）
	16：00	室内外で遊ぶ　順次，降園～	16：00	室内外で遊ぶ　順次，降園
	17：00	時間外保育　（軽食）	17：30	時間外保育　（軽食・授乳）
	18：30　19：30	延長保育	18：30　19：30	延長保育

初日に，まずその施設の一日の大体の流れの把握が，最初の仕事内容として求められる。

　保育者は，それぞれの地域性や園の特色を生かした保育内容を理解し，その施設の一日の流れ（デイリープログラム）を把握し，その流れを基本にしながら，子どもたち一人ひとりの発達の状況を把握し，ゆとりを持った保育内容が展開されることを理想とする。なお，表4－2は，一日の大体の流れを示したものであるが，施設によって保育時間が違っているのは当然のことであるので，大体の目安として理解してほしい。

　ただし，確実にいえることは，幼稚園は「学校」と位置づけられているので，標準保育時間は4時間である。その後については，現在は預かり保育[*3]を実施している幼稚園がほとんどであるため，保護者の就労時間終了後，まちまちに迎えに来ることになっている。また，保育所や認定こども園においては，子どもたちの保育を必要とする区分（内容）によって，保護者の朝・夕の送迎時間がまちまちであることも理解しておく必要がある。

　さらには，保護者の就労時間が不規則になっていることから，朝・夕の「時間外保育」「延長保育」などを利用する保護者が多くなっている。保育者は，一日の大半を施設で過ごす子どもも多くなっていることを考慮しなければならない。最近では，11時間から12時間を施設で過ごす子どもたちも多くなっている。そのため，保育者の子ども理解の必要性は今まで以上に重要であり，大いに期待される保育内容となる。

　保育者は，一人ひとりの子どもの発達の状況，興味や関心等に敏感に対応し，職員間の相互理解と連携を密にして，全体の計画等，事前に十分検討し合う必要がある。また，子どもたちが一日安心して，のびのびと過ごせる保育環境を保障することが，保育者の職務内容として最も重要であるといえる。

２　職務に伴う専門性

（1）保育者に求められる専門性

　第3章で詳しくふれたが，保育者に求められる専門性について，「保育所保育指針解説」では，次のように示されている[1]。

> ① これからの社会に求められる資質を踏まえながら，乳幼児期の子どもの発達に関する専門的知識を基に子どもの育ちを見通し，一人一人の子どもの発達を援助する知識及び技術
> ② 子どもの発達過程や意欲を踏まえ，子ども自らが生活していく力を細やかに

＊3　預かり保育
　幼稚園や認定こども園の教育時間終了後に，延長で子どもを預かる制度。保護者が何らかの理由で所定時間内に子どもを迎えに行けないとき等に延長して預かる保育。休日や長期休暇期間に実施されることもある。

1）厚生労働省「保育所保育指針解説」2018，p. 17.

　助ける生活援助の知識及び技術
③　保育所内外の空間や様々な設備，遊具，素材等の物的環境，自然環境や人的環境を生かし，保育の環境を構成していく知識及び技術
④　子どもの経験や興味や関心に応じて，様々な遊びを豊かに展開していくための知識及び技術
⑤　子ども同士の関わりや子どもと保護者の関わりなどを見守り，その気持ちに寄り添いながら適宜必要な援助をしていく関係構築の知識及び技術
⑥　保護者等への相談，助言に関する知識及び技術

　上記6項目の専門的な知識および技術とその時々の状況に応じた判断力，さらには適切かつ柔軟な対応によって，子どもの保育と保護者への支援を行うことが，保育者の職務内容の基本と考えられる。

（2）養護と教育を一体的に行うとは

　保育所保育指針では，「第1章　総則」に「保育における養護とは，子どもの生命の保持及び情緒の安定を図るために保育士等が行う援助や関わりであり，保育所における保育は，養護及び教育を一体的に行うことをその特性とするものである」と明記されている。では，養護と教育を一体的に行うとはどのようなことであろうか。「第2章　保育の内容」には，以下のように示されている。

　　養護…子どもの生命の保持及び情緒の安定を図るために保育士等が行う援助
　　　　　や関わり
　　教育…子どもが健やかに成長し，その活動がより豊かに展開されるための発
　　　　　達の援助

　保育士等は，このことをふまえ「ねらい」および「内容」を具体的に保育に取り入れ，実際の保育において，養護と教育が一体となって展開されることに留意する必要がある。
　保育者は，子ども達のさまざまな場面での欲求や興味・関心についての表現を受け止め，常に養護と教育を一体的に展開しながら，一日の保育を充実した内容とすることが望ましい。

（3）健康と安全の確保

　保育は，何より，子どもたちの生命の保持と情緒の安定のための健やかな生活が基本であり，一人ひとりの子どもの健康の保持および増進ならびに安全の確保を常に意識しなければならない。そのために，園全体の計画に基づいて保健計画や食育計画を他職員とともに共通理解することが望ましい。

1）アレルギー疾患の子どもたちへの対応

　最近ますます増えているアレルギー疾患への配慮事項についても，事前に一人ひとりその内容の違いを理解し，必要であればアレルギー除去食や食事環境について，栄養士，管理栄養士や調理師を交えて保護者と丁寧な懇談が求められる。

　また，保育者は，日々，その子どもの食事環境，例えば，日々の配膳等に十分気をつける。定期的に，発症した際の救急方法等について学ぶ必要があり，その対応の方法については，職員全員が理解しておく必要がある。

2）食育の推進

　健康な生活の基本として「食を営む力」を育てることが重要になってくる。子どもの健やかな育ちを保障するために，食事の大切さは欠かせない。

　保育者は健康な生活の基本として，また，子どもが生活と遊びの中で食にかかわる体験を積み重ね，食べることを楽しみながら成長していくよう，適切な援助をしていかなければならない。そのためには，専門性を持った職員（栄養士，管理栄養士等）と「食育計画」を園全体の計画に基づいて作成し，評価→改善を繰り返していく必要がある。

3）環境および衛生管理ならびに安全

　保育者等は，常に適切な環境を保持するということに留意する必要性がある。施設内外の設備や用具，遊具等の衛生管理，事故防止のための安全対策等について，お互いが気づいたことを伝え合いながら（ヒヤリハット*4）保育を進めていかなければならない。

　また，災害への備えとして，定期的な避難訓練や避難場所の確認，送迎時の保護者への防災教育等も，日々の保育者の大切な職務内容である。

（4）子育て支援

　保育者の職務内容として，保護者への子育ての支援も重要である。以前は，「保育に欠ける子ども」に保育所への入所が認められており，保育所に通う子どもの保護者からの子育ての相談や悩みに対応していた。しかし，2017（平成29）年施行の児童福祉法改正により，保育所・認定こども園は「保育を必要とする子ども」の施設となり，保育者の子育て支援の幅が広がった。そのため，施設に通う子どもの保護者のみならず，地域の子育て支援の拠点として，地域の子育て家庭に対しても，子育て支援センターや一時預かり等の保育支援事業を行うようになっている。また，幼稚園においても園庭開放や子育て支援事業等を通して，保護者同士をつなぐ場としての職務内容も求められている。

　その他にも，子どもに障害や発達上の課題がみられる場合および外国籍家庭

*4　ヒヤリハット
　結果として事故に至らなかったものの，直結していてもおかしくない一歩手前の事例の認知を指す。すなわち，ミスに対してヒヤリとしたり，ハッとしたりするもの。

等特別な配慮を必要とする家庭，不適切な養育等が疑われる家庭等々，個別の支援が必要な家庭への支援において，保育者として適切な対応が求められることになる。この場合，施設長はもちろんのこと，職員間で同じ内容，同じ対応ができるように共通認識と理解を持っておくことが必要になってくる。

（5）計画に基づく実践と省察・評価（PDCA サイクル）の必要性

どの施設においても，一日の保育時間が長時間化する傾向にあることから，通常保育時間内の記録としての教育課程や指導計画，日誌等多くの書類を残しておく必要がある。

また，そのほかにも長時間保育や預かり保育，子育て支援事業等を視野に入れての計画が必要になってくる。要領や指針では，乳幼児教育の内容や質について，幼稚園・保育所・認定こども園のどの施設においても，同じ手厚い保育・教育が受けられることが特に強調されている。

そこで，保育者には，今まで以上に柔軟性を持って，きめ細かなカリキュラム・マネジメント*5が求められている。

なお，カリキュラム・マネジメントは，保育の質的向上を念頭において，施設長を中心に，すべての職員がそれぞれの立場で自分たちの施設について考えることを目的とし，全職員が同じ方向性を持って，評価や改善する仕組みを整備していく必要がある。

例えば，以下のような PDCA サイクルに基づく展開が考えられる。

*5　カリキュラム・マネジメント

5領域のねらいおよび内容を相互に関連させながら，「幼児教育において育みたい資質・能力」の実現に向けて，子どもの姿や地域の実情等をふまえつつ教育課程，全体的な計画を編成し，指導計画の計画・実施・評価・改善（PDCA サイクル）をすること。

計画（P）：遊び終了後，スムーズに片づけ，食事へと進むように計画を立てる。

実践（D）：計画に基づいて実践する。その際，子どもの様子をビデオや写真に撮る等記録として残し，振り返りの資料とする。

評価（C）：職員全員で実践内容を評価する。短時間であってもよいので，皆で共有し，意見を出し合い改善点を確認・評価する。

改善（A）：評価内容を基に環境設定や保育内容を改善し，実践する。それによって再び Plan（計画）に戻り，繰り返し Action（改善）まで続ける。

図2-1　PDCA サイクル

（6）保育の質的向上に向けた取り組み

　保育者は，要領や指針の内容を考慮して，福祉職としての責任と自覚を持ち，子ども達の最善の利益を保障するための養護的な環境を整え，子ども達の主体的・対話的で深い学びを保障するための遊び環境の整備なども，常に考慮しながら創造的な保育を展開することが求められている。

　日頃からよりよい保育の展開をするためには，職員相互の理解と対話により，お互いを刺激し合いながら学びを深めていく必要がある。また，研修会などに参加した際には，学んだ内容を職員会等で，手短にまとめ共有することで施設の質的向上につなげていく。

　さらには，研修会等での学びを，施設を通じて保護者へ還元したり，情報として掲示したりすることで，保護者からの信頼も深まる。

　そして何より，保護者が安心して子どもを預けることができる施設となっていくために，日頃から，よりよい保育内容を創造できる保育者の質的向上心が求められている。

　そのためには，自分たちのキャリアパスをしっかりと理解し，どのような保育者になりたいのか，日々の保育を充実したものにするため，常に自己研鑽を重ね，学び続ける姿勢が必要である。

　保育現場の教科書は「目の前にいる子ども達」である。常に，やさしいまなざしで，子どもたちを見守り，子ども達から学ぶという姿勢を持ち，学び続ける意欲と創造力および向上心をもった保育者を目指してほしい。

コラム④　朝のルーティンをつくろう

　出勤前にやるべきことを，その順番も決めて，紙やポストイットに書き出しておく。それを目につく場所に貼っておく。例えば，トイレ→洗面→水を飲む→シャワーというように，同時に毎朝，起床時間も一定であることが望ましい。毎日，繰り返してやることを決めておくと，その流れは固定化され，その行動を終了するのに要する時間が必ず短くなる。逆に「次に何をしようか」等と考えること自体が時間の無駄であり，集中力が切れる原因となる。起床してからやるべきこと，その順番をルーティン化することによって，「フロー状態」という集中力が最も高まる状態に自己を導くことも可能になる。

● 演習課題

課題1：保育者の職務内容について，おおまかにまとめてみよう。

課題2：子どもの発達過程や発達の特性を理解することがなぜ大切なのか，考えてみよう。

課題3：保育の質や保育者の専門性を向上していくためにはどのようなことが必要か，考えてみよう。

● 参考文献

汐見稔幸『さあ，子どもたちの「未来」をはなしませんか』小学館，2017.

無藤隆・汐見稔幸編『イラストで読む！　幼稚園教育要領　保育所保育指針　幼保連携型認定こども園　教育・保育要領　はやわかり BOOK』学陽書房，2017.

写真提供：徳島県　沖浜シーズ認定こども園・田宮シーズ認定こども園

第5章 保育者の連携と協働

本章では，保育施設で子ども達の豊かな育ちを願い，どのような連携や協働が進められているのかについて解説していく。時代の変化とともに保育施設に求められる保育ニーズも変わってきている。よりきめ細かな保育を提供していくために，どのような体制で保育が進められているのか，園の内外を問わず，あらゆるネットワークを活用し，子ども達を育てていくその方法についてふれていきたい。

　近年，保育者を目指す学生の皆さんが"目指す保育者像"を聞かれた際に，「連携」「協働」といった言葉を使って自身の保育者像を語ることが多くなってきた。実際，保育所保育指針や幼稚園教育要領，幼保連携型認定こども園教育・保育要領の中でも大切な文言として扱われている。

　では，具体的にどのように子ども達に寄り添い，どのように保護者を支援していけばよいのか。一人ひとりに寄り添うといっても，保育者が直接手を施す援助には限りがある。そのため，一人ひとりが安定した養育環境の下で健やかに育っていくためには，保育者はさまざまな機関と連携してつながっていくことが必要である。

1 保育者の職場における連携・協働

（1）「チーム」で行う保育

1）「チーム」で保育するということ

　例えば100人程度の定員の保育施設[*1]では，保育者が何人ほど勤務しているだろうか。筆者が施設訪問した保育施設では，平均50人ほどの保育者が勤務している。これは，保育施設の開所時間が大きな要因でもある。開所時間の長い施設では，12時間以上にわたることもあり，その場合，子ども達は一日の大半

*1　本章では，幼稚園，保育所，認定こども園を「保育施設」と総称する。

を保育施設内で過ごすことになる。当然ながら保育者は労働者であり，開所から閉所まですべての時間を一人が責任持って保育することは，法律上においても難しい。保育者達にとって少しでも働きやすい職場体系を構築するために施設長はシフト体制を組み，時差出勤をして保育時間に隙間ができないようにしながら子ども達を見守っている。早朝や夕方には短時間勤務の保育者を雇用して体制を組んだり，幼稚園では預かり保育で担当保育者を設置し，降園までの時間の保育を担当したりして対応している。担任が中心となりながらも，一人ひとりの子どもを園全体で連携を取り合って保育する体制を整えることで，日中の保育時間の中でも子どもの育ちを複数の目で確認し育ちを支えることができるのである。このような体制を「チーム保育」と呼ぶ。子ども達も，さまざまな職員とのかかわりを通じて大人との信頼関係を築くことができ，発達的な面からも肯定的にとらえることができる。

　子どもの育ちを共有して保育を進める「チーム保育」という意味は，ただ保育者の労働時間に限ったものではない。本来の意味合いでいえば園児がほぼ全員登園している保育時間（幼稚園では標準教育時間とも呼ばれる）を，複数の保育者で目を向けながら保育をするというものである。子ども達も担任以外の多くの職員に安心してかかわることができるよう，各園児の特性などの情報を共有する必要がある。会議や研修などを通じて，クラスで困っているケースなどに対し意見交換し合える機会などが積極的に持たれている

２）園内研修の実際

　園内研修は，施設内の職員同士でさまざまなテーマに沿って話し合い，意見交換を重ねることを目的とし相互に学び合える関係を築く貴重な機会として定期的に実施されている。内容は制度上の勉強会やコミュニケーションを図るような内容もあるが，主には事例検討や園全体での取り組みに対する検討会などが実施されることが多い。

　図５−１は，ある幼稚園での園内研修の年間予定である。研修内容によっては，専門的な解説などを要するときには外部より講師を招いて進められることもある。定期的に保育を見直す機会となる園内研修は，保育者にとって非常に有効なものであり，迷っていた保育にひらめきが生まれることもある。事例を検討することを通じて，適切な判断や対処を求めるための意見交換を行うことで，日々の保育が実りあるものになるよう努めている。

　また，事例を検討することは，話し合いを通じて専門性を高めるよい機会ともなり得る。ここで，保育カンファレンスについて説明したい。

　保育カンファレンスの「カンファレンス」という言葉は，もともと医療・福祉の現場などで使用される言葉である。保育の場面には正解というものがなく，

今年の園内研修のテーマ　遊びこむ子どもの育成

　4月　願う子ども像とねらいの共有，研修計画
　5月　A保育者の研究保育
　6月　事例研究（3歳児Mくん，4歳児水遊び）
　7月　B保育者の研究保育（K大学M教授来園）
　8月　春と夏の遊びマップづくり
　9月　運動会のねらいと環境構成について，事例研究（5歳児リレー遊び）
　10月　C保育者の研究保育（T保育所来園）
　11月　教育委員会指導訪問（若年研修D保育者），秋の遊びマップ，T保育所へ保育参観
　12月　教育課程・指導計画の見直し，評価について
　1月　事例研究（3歳児異年齢交流）
　2月　冬の遊びマップづくり
　3月　修了式や進級に向けての生活のねらい

図5-1　園内研修の予定表（Y幼稚園の職員室掲示板より）

出典）香川県教育委員会「園内研修の手引き」2017，p. 6 .

保育の質を向上できるよう日々取り組まれている。保育カンファレンスは「話し合いを通じて専門性を高める」という意味合いで，保育現場に導入された経緯がある。つまり，保育カンファレンスは，職員同士で保育について話し合いを重ねる中で自分の保育に対する考え方と向き合い，深めていくことを目的としているのである。事例検討を通じて保育場面を共有し，語り合う機会を通じて，保育者同士がお互いの「子ども観」に歩み寄ることで，園の保育方針に沿って子どもを育てていく機会へとつながっていくのである。

（2）他職種との連携

　皆さんが通っていた園には，どのような大人がいただろうか。きっと，担任の先生だけではなく，園長先生やバスの運転手さん，給食の先生など，印象に残っている人がいるはずである。
　では，保育施設には具体的にどのような人たちが勤務しているのだろうか。保育施設によって違いはあるが，以下のように列記できる。
・管理職：園長・副園長・代表保育者（または教頭）
・保育者：クラス担任・地域担当・障害児担当・子育て支援担当・フリー保
　　　　　育者など
・栄養担当職員：栄養士または調理職員
・保健担当職員：看護師または保健師資格所持者が望ましい。

　　　　　・用務員

　　　　　・バス運転手

　　　　　・事務職員　　など

　　保育所や幼稚園，認定こども園などは，さまざまな職種の職員が集まって構成されている。どの施設においても，分担された職務の責任を果たしながら子どもたちの安全と安心を保障するため，ともに情報共有しながら進められている。このように，ともに協力しながら働くことを「協働」という。

　　例えば給食の時間でいえば，事例 5 - 1 のような協働が考えられる。

事例 5 - 1　はじめての給食

　　1 歳児クラス（4 月）。子どもたちは月齢による個人差も大きく，離乳食完了期～普通食の子どもが在籍している。

　　A ちゃんは 1 歳 1 か月で入所。離乳食は完了しているが，なかなか咀嚼できず自宅では離乳食後期のような柔らかいものを食べさせている。食事への抵抗はなく，好んで何でも口に入れる姿がみられる。家庭からは「アレルギーなどはないので何でも食べさせてほしい」と要望している。

【園での取り組み】

●保育者

・給食開始前に献立表を配布し，気になる献立や不安な食材などがあれば事前に連絡するよう知らせる。

・実際に子どもがどれだけ食べられるか少しずつ与える。

・調理職員などにあらかじめ提供時に刻んでほしいサイズなどを連絡する。

●調理担当職員

　　クラスから連絡された食事形態に合わせて調理する。また，実際に保育者が食べさせているところを観察し，食事量や食事形態（飲み込むことができるサイズ）を把握する。

【家庭への連絡】

　　連絡帳を通じて，食事量（どれだけ食べたか）とともにその日の献立で伝えたほうがよい場合（例：春雨のサイズなど）は詳しく書いて知らせる。

　　子どもたちにとって給食は幸せな時間であってほしいと願い，保育施設はさまざまな取り組みを行っている。食事は身体の成長に必要不可欠であるだけでなく，みんなで食べるとおいしいといった経験を得ることができ，また，季節の食材や文化に触れ，五感を育ててさまざまな感触に出会うことができることから，精神面の育ちを支えるものともいえる。たくさん遊んでおなかがすいたときに出てくる給食に目をキラキラさせたり，給食室からのいい香りに吸い寄せられるように向かう子どもがいたりと保育時間の中での「お楽しみ」の時間でもある。この給食が一人ひとりにとってより実りあるものとなるように，保

育者は日頃から栄養・調理担当者とともに保育を進めている。

　保育の指導計画の中には，担任保育士が立案するクラス活動の指導計画と栄養・調理担当が作成する指導計画がある。事例5−1のように，栄養・調理担当者は子どもたちの健康促進・保持の側面から保育を支えている。時に，保育場面に直接参加して子どもたちの様子を実際に見て，一人ひとりに適した給食を提供できるよう努めている。特に乳児の場合，食事形態には個人差があるため，担任保育士との連携は密に行う必要がある。

　また，食物アレルギーや肥満，偏食など，家庭とともに考えていく必要のある事案も多い[*2]。その日の給食を知らせたり，おたよりやホームページの中で給食メニューを掲載したりするなどを通じて，家庭とともに子どもの食事への関心を高めてもらえるようさまざまな取り組みを行っている。

　職種間の連携では，保健担当も大きな役割を担う。子どもたちの発育状況や発達状況を把握する身体計測をはじめ，園医による内科健診（定期健診），子どもたちの服薬（園によっては服薬を行わないところもある），感染症対策などの衛生面の管理や障害のある子どもたちへのケアなど，幅広く職務を担当している。感染症対策では，園舎内を清潔に保つための指導だけでなく，どのクラスでどのような感染症が発症しているのかを把握している。こうして保育者とともに子どもたちの様子を把握しながら家庭とも連携できるよう，個別相談やおたよりの発行などを通じて保育施設の取り組みを発信している。

*2　特に食物アレルギーに関しては，全身が過敏な反応を示し，命に危険が及ぶアナフィラキシーショックのおそれがあるため，連絡・連携のミスがないよう，細心の注意を要する。

2　家庭との連携・協働

　皆さんが学んでいる幼稚園教諭免許状や保育士資格を取得する養成課程において，子どもについての学びや，子どもとのかかわりについての学びが大切なのはいうまでもない。そして近年，重要視されてきているのが，保護者支援である。家庭環境の多様化，また，家庭の子育てを支える人間関係の希薄化が進む昨今においては，保護者支援のあり方も多種多様であり，個々の家庭の状況に応じたサポートが求められている。

　保育所保育指針では，保育所の特性として「保育に関する専門性を有する職員が，家庭との緊密な連携の下に，子どもの状況や発達過程を踏まえ，保育所における環境を通して，養護及び教育を一体的に行うことを特性としている」（下線は筆者）と示している。

　保育時間だけで子どもたちの育ちを支えられるわけではなく，子どもたちの一番の居場所となる家庭を基盤として保育所での時間が実りあるものとなっていけるように保護者との連携が必要なのである。子どもたちは，心身の発達と

ともに語彙数が増えてきて気持ちの伴った発語も可能となり，各場面でも「それはイヤだ」「うれしかった」など思いを伝えられるようになり，情緒も安定する。とはいっても，やはりすべての気持ちを言葉で整理できるわけではなく，無意識に身体で症状を出すこともあれば，自覚できないまま不安な思いに押しつぶされそうになり普段の姿とは違った姿を見せることもある。例えば保育時間には元気に過ごしていても，家に帰って夜泣きが強くなったり「かんしゃく」といわれるような特に心当たりがないけれど何かにいら立っているような姿を見せたりすることもある。

　保育者と保護者が各々の場面での様子を伝え合うことで，子どもの状態を把握し対応できれば，言葉にできない子どもの中のもやもやとした不安が解消されて心身の安定につなげることができる。毎日の送迎時のコミュニケーションや連絡帳，ホームページのブログなどから家庭にも子どもたちの姿を発信することで，家庭での生活がより安定したものとなるように日々さまざまな形での保護者とのかかわりが求められる。

（1）保育者は「子どものことをわかってくれる」貴重な存在

　保護者は，日々の子育ての中で「これでよいのだろうか」「うちの子は大丈夫なのだろうか」など，ふとした子どもの姿がきっかけで不安を抱えてしまうものである。人間関係の希薄化や同世代でも未婚者が増加傾向にある近年，子育てについて気軽に子育ての相談できる相手がいない時代も重なり一人で考えているとその不安はどんどん大きくなり，具体的な形になり得ないまま精神的につらい日々が続く。また，情報化社会でさまざまな子育て情報が錯綜していることもあり，何が本当かわからなくなり，自身で判断することもできなくなってしまうこともある。

　図5－2にあげた母親も，一人でずっと考えていたであろうことが推測できる。相談機関が整っていたとしても，悩みが明確にならないと，どのタイミングで相談してよいかもわからない。そのようなときに，子どものことをわかってくれる保育者に打ち明けることができると，精神的な不安から解き放たれることも多い。

　保護者は，子育てだけでなく仕事や家族，地域とさまざまなコミュニティにかかわっている。各場面で課せられるものも異なるため，調整に苦しんでいることもある。保育施設では，少しでも保護者が元気になってもらえるサポートやケアも必要とされている。

ひとりにならないで，ひとりにしないで

受話器から遠慮がちに，どんなことでもよいのでしょうかと小さな声…。

女性は妊娠を機に，出産，育児と新しい出会いに喜びを感じ，同時に目まぐるしい生活の変化に戸惑いと不安を抱えている人が少なくないようです。その多くは，誰にも相談できずに，母親がひとりで悩み，孤独を感じています。私は大丈夫？　足りている？　ちゃんと母親になれている？　いつも不安を感じています。ひとりにしないで，話を聴いて，頷いて，認めて欲しい，そんな声が聞こえてきそうです。

事例：主訴【子どもにシャワーをかけた】

子ども（3歳児）の反発が強く，言うことをきかない。行動を抑えきれない等でイライラしている自分がいる。感情的になって怒鳴ってしまい罪悪感にさいなまれる。こんな自分ではいけないと，雑誌で読んだ「アンガーマネジメント（怒りの調整）」も心掛けている。だが昨日，シャボン玉で遊んだ後の片付けの際に，息子の身体に冷水シャワーをかけてしまっている自分がいた。子どもに謝ったがびっくりしていた。自分は虐待をしているのではないかと怖くなった。もうすぐ職場復帰と幼稚園入園。母親自身も，子どもも，4月から環境が大きく変わることでの不安や焦りがあるように思う。シャワーは石鹸のついた足を洗うためにかけ始めたものだったが，虐待をしたのではないか？　という自責の念で一杯になり，シャワーの目的さえ忘れていることにも気づけないでいた。何事も完璧にしようとはせずに，もう少し力を抜いて楽になれるとよいのだが…。

この相談者のようにアンガーマネジメントを心がけていても，怒りの感情のコントロールは難しいということです。怒りの感情を抱くのは誰にもあることで，そのこと自体に自己嫌悪や罪悪感を抱くことはありません。怒りの感情が生じたときに，どう対応できるかということだと思います。まずは，ひと呼吸をおき，次に誰かにその思いを吐露することです。ひとりにならないことです。ひとりにしないことです。　　（O）

図5-2　子育て110番より

出典）日本保育協会「ママさん110番（電話相談）だより」保育界8月号，p. 134，2020.

（2）保育施設は「子育てを助けてくれる身近な社会資源」

保育施設は，子どもが施設に在籍しているかどうかにかかわらず，子育てに携わるすべての家庭とつながる機能をもつ「子育てを助けてくれる身近な社会資源」でもある。保育施設に在籍している子どもの家庭とは，前述したように送迎時の毎日のかかわりや連絡帳を通じてコミュニケーションを図る。また，クラス懇談や個別面談，保育参観や行事への参加，研修会などもある。送迎だけではなく，施設に足を運んでもらう機会を通じて，子ども達への保育方針を理解してもらい，子ども達がより豊かに育つことができるよう取り組んでいるのである。

さらに，在籍していない子ども（未就園児）と保護者には，保育施設の存在をより身近に感じられるように，施設の園庭開放や行事への参加，出前保育などを通じて親子で遊びに気軽に足を運べる場を設けている。参加した子ども達

も，回数を重ねるごとに楽しい場所となり，自分なりに楽しみを開拓する力を引き出すことができる。保護者としても，同世代の子どもを持つコミュニティに参加することができる場となる。子育てに関する悩みを共有できることで育児の孤独感から解放されることも期待できる。在園児が遊んでいる様子やわが子とかかわったりする姿から，これからの子育てに見通しを持てる機会にもつながる。

　また，自治体より委託された一部の保育所では，一時保育も受け入れており，保護者の通院，きょうだいの用事，フルタイム以外の仕事やリフレッシュなどで子どもを預けたい場合に保育所を利用できる機能も果たしている。

（3）保護者とともに育てていく

　保育施設での保育者の悩みの一つに，保護者とのかかわりをあげる人は少なくない。前述したように人間関係の希薄化によって，社会的な判断なども非常に個人本位となることがあり，まるで社会を私物化しているかのような意見を平然とぶつけてくる保護者も存在している。施設側との意見の相違や保護者同士のかかわりでのトラブルなどから，保護者とのかかわりにストレスを感じる保育者も少なくない。「モンスターペアレント」という言葉が浸透していることもあり，皆さんの中にも，保護者に対して苦手意識を抱く人も少なくないだろう。

　しかし，保護者は決して私たちの「敵」ではなく，子どもを豊かに育てるための「パートナー」である。このような保護者であってもしっかりと向き合って話し合いの場を設けていくことで，物事の経緯がわかってくれば理解を示し課題も解決できることも多い。

　保護者が子育ての悩みに自身で向き合い，自分なりに判断し行動できるよう，保育者は寄り添うように支援することが求められる。保育者は，始まったばかりの子育てへの歩みを支える存在であることを覚えておいてほしい。

3　地域との連携

（1）地域とのつながりと子どもの育ち

　皆さんは，幼稚園教育実習や保育実習に行くときに持参する実習簿（実習ノート）の中身を見たことがあるだろうか。実習簿には事前に下調べしておくことの内容として，実習施設の方針，職員構成，クラス編成とともに施設周辺の詳細（地域社会の特色など）を記述する欄が設けられていることが多い。

　なぜ，地域のことも調べる必要があるのだろうか。施設に在籍している多くの子ども達が生活する地域を把握することにより，地域特有の文化や子どもたちやおおよその家庭の特性も知ることができるのである。

　また，保育施設は，地域の社会資源の一つとして機能している。施設が地域を理解して運営していくことによって，子どもたちを温かく見守ってくれるコミュニティを築くことにもつながる。例えば保育所の社会的責任として，保育所保育指針「第1章　総則」において，「保育所は，地域社会との交流や連携を図り，保護者や地域社会に，当該保育所が行う保育の内容を適切に説明するよう努めなければならない」と明記されている。

　保育所は，子どもを取り巻く環境がより豊かになるための地域資源の一つである。子どもを取り巻く人々（家庭や地域）に「このような保育をしていますよ」とわかりやすく伝えることに努めることで，より子どもにとって過ごしやすい環境を築いていくことにつながる。

　地域への説明のあり方は，施設によってさまざまである。最近はホームページをもつ保育施設も多いため，サイトの中に保育理念や教育方針を掲載するとともに，日々の保育をブログ方式で掲載するといった工夫をこらしている。自治体が運営する公立保育施設については，自治体ホームページにおたよりをPDF形式で掲載することもある。また，町内の回覧板や掲示板に直接掲示したり，施設の玄関前に掲示スペースを確保しさまざまなお知らせを掲載したりすることもある。

　また，保育施設を介してさまざまな地域の人たちや社会資源に触れる機会を持つことにより，子ども達の育ちを保障することもできる。施設内での異年齢交流，地域へのおでかけを通じて町の人とのふれあい，高齢者施設での世代間交流，中学生のチャレンジ体験や高校生の職場体験，保育者養成校学生の保育実習など，さまざまな人々との交流を通じて子どもは保育者や家庭以外の人とのかかわりを経験し，コミュニケーション力の基礎となる「人を好きになる」ことにつなげることができるのである。

（2）専門機関等との連携

1）地方公共団体における行政機関とのつながり

　地方公共団体[*3]という言葉を聞いても，あまりピンと来ないかもしれないが，皆さんが生活している都道府県や市町村の県庁・市役所・役場を思い浮かべるとすぐに理解できるだろう。その地域の住民が健やかに過ごせるよう，さまざまな部署に分かれて私たちの生活を支えてくれる機関が地方公共団体である。

　認可を受けている保育施設は，公立私立問わず行政の管理のもとで運営され

＊3　地方公共団体
　地方自治法に定める都道府県および市町村における行政機関。地方自治体ともいう。

ている。子どもに関する管轄組織をすべて一つにまとめて運営している場合もあるが，基本的に幼稚園や認定こども園は教育委員会の管轄となり，保育所は子育て支援課などの管轄の場合が多い。地方公共団体から認可を受けている保育施設には，必要な保育者の確保のための助成（加配保育士，リーダー保育士等）や，定期的に保育を見直す機会の提供として研修時間の設定のほか，保育の中で行き詰ったりした際には専門員が巡回し，保育者へ助言を行うことができる。また，住民の健康維持・促進を目的とした保健センターでは，胎児のとき（母子手帳の交付時）から子ども達を見守っている。新生児期の自宅訪問や定期的な乳幼児健診を通じて一人ひとりの発育状況や栄養状態，養育環境を把握するとともに，親子関係や保護者の心身の状態育児不安なども把握している。また，その家庭に適した保育ニーズの助言（保育コンシェルジュの設置）なども行っている。

2）専門機関と保育者の連携

　例えば保育者が子どもの育ちに不安を感じた際，保護者の了解を得て保健センターに相談することができる。相談依頼があった場合や支援の必要な子どもがいる場合には専門員（発達支援員や心理判定員）が巡回し，適切な支援方法の助言を行う。保護者にも同席してもらい，必要であれば医療機関や相談機関を紹介してもらうこともできる。

　さらに，育児と仕事の両立のバランスがうまくとれない保護者事情や家族関係の不和（主に家庭内暴力など），保護者の病気による長期加療の必要など養育環境を保障するために，福祉の機関とのつながりも必要な場合もある。福祉部門での代表的な機関は児童相談所である。なお，改正された「児童虐待の防止等に関する法律」が2020（令和2）年4月より施行され，早期発見（努力）義務が追加された（第5条第1項）。ここでは，保育施設をはじめとする保育従事者は児童虐待を発見しやすい立場にあることから，児童虐待の早期発見に努めるべきという努力義務が課せられている。

　家庭内の問題は，外部から見つけにくい部分も多い。ここで留意しておくポイントとしては，保育施設などに通園している間は，家庭から離れている状態なのでこのような不適切な養育環境にある子ども達を守ることができる時間となる。その環境での何か少しでも不審な点があり，虐待が疑われる際には，都道府県の設置する福祉事務所もしくは児童相談所に通告しなければならない（同法第6条第1項）。

　「令和元（2019）年度福祉行政報告例の概況（厚生労働省）」によると，被虐待児の年齢別対応件数は乳幼児が約半数（45.1％）を占めており，件数は年々増加を続けている。ケースによっては，保護者自身が不適切な養育環境にして

しまっているという自覚がない場合もあり，保護者支援として助言を行うことで改善することもある。個人情報の守秘にも留意しながら，自治体と連携して，施設内でできる対応がないかを考え，子どもが安全かつ安定した生活を送れるように努める必要がある。児童福祉施設と呼ばれる関係機関は，保育所も含めて12種類もの施設が設置されている。どの機関との連携が適しているのか相談しながら，日頃から子どもにかかわる関係機関に対する機能の理解や情報の共有が求められる。

4　小学校就学へ向けて

　保育施設で豊かな情緒，健やかな身体に育つことを願って保育した後，子ども達は各学区の小学校へ入学していく。私たち保育者は，子ども達に合わせた教育目標に到達できるように，遊びという学習活動で導いていく。幼児教育は，子ども達が好きな遊びの中で感じる「気づき」を大切にするために，一日の流れを構成できることから自由度をもって保育を進めることも可能であることが醍醐味である。しかし，小学校ではそのようなカリキュラムでの教育は難しい。決められた時間割の中で教科書や道具を用いた学習を通した活動によって，教育目標の到達を目指すものだからである。ただでさえ，新しい環境に緊張が高い中でさまざまな自律が求められる日々に，"大きくなれた"期待感に満ちていた小学校生活の現実を突きつけられ，不適応を起こす子どもが出てきてしまうのである。

　小学校就学にあたって，こうした「段差」を解消していくためには，保育者と小学校教員による連携・協働が欠かせない。次の第6章では，小学校生活へのスムーズな移行に向けた連携のあり方を具体的に述べていく。

　保育施設では，子どもがよりよく育つために試行錯誤しながら日々の保育が進められている。保育者は，その時々で必要な機関と連携しながら，子ども達が健やかに育つための望ましい保育に励む。そのためには，一つでも多くの保育に関する知識や情報を把握し，活用できるための手立てを理解することが求められる。

コラム⑤　迷わないで決断する方法

　迷わないで決断するとは，「即断即決」するということである。つまり，迷って決断を遅らせることは時間の無駄であり，時間を使って決断しても結局は同じ結論になることが多い。その意味で人の直観はかなり正しいといえる。

　「try and error」は失敗ではなく，やり方や考え方を変える示唆である。人生はこの「try and error」の繰り返しとも考えられる。その結果，大きな失敗をする前に引き返すことも憶え，迷ったら「やらない」と判断するタイミングも憶える。

　学ぶと同時に，「error」によってその小さな傷に慣れて，免疫力をつけていくことができたら，決断が早くなることだろう。

● 演習課題

課題1：あなたが保育者として「チーム保育」に参加する場合，どのような部分に気をつけて保育することが望ましいか，考えてみよう。

課題2：保護者が保育施設にどのようなニーズを持っているか調べ，まとめてみよう。

● 参考文献

松本峰雄・安藤和彦・髙橋司編著『改訂 保育職論』建帛社，2019.

矢藤誠慈郎・天野珠路編『保育者論』中央法規出版，2019.

柴田洋平・板垣義一・石川敏裕編『子どもたちの命と安全を守る　選ばれる園になるための虐待対応』チャイルド社，2019.

第6章 小学校との接続

「小1プロブレム」が教育現場で問題として取り上げられるようになって20年が経過した。保幼小の連携・接続が図られることになった背景にはこの問題がある。2017（平成29）年に改訂された幼稚園教育要領，保育所保育指針，幼保連携型認定こども園教育・保育要領で新たに示された「3つの資質・能力」「幼児期の終わりまでに育ってほしい姿」は，保幼小の連携の視点にもなっている。本章では，これらをどのように活用していくことが望ましいのかを考えていく。また，個別の支援を必要とする幼児が増加している。これらの幼児についての連携・接続についても見ていく。

1 就学を見据えた保育

（1）保幼小の連携から接続へ

1）小1プロブレム

保幼小の連携の重要性が取り上げられるようになった背景には「小1プロブレム」が関係する。「小1プロブレム」とは，小学校入学後の落ち着かない状態がいつまでも解消されず，「学習に集中できない，教員の話を聞けずに授業が成立しない」[1]などの状態のことである。これらの問題は「家庭の課題」，「地域の課題」，「保育所や幼稚園の課題」「小学校の課題の課題」といった子どもを取り巻く状況の変化を指摘している[2]。「家庭の課題」とは，少子化や核家族化によって，日常生活の中で年長者の言うことを聞いたり年少の者に対するいたわりの気持ちを持ったりすること，協力して仕事をしたりという「我慢する」経験が不足することが指摘されている。「地域の課題」とは地域の異年齢の子ども同士の遊びの中でのきまりを守る体験が失われていることを指している。

「保育所や幼稚園の課題」「小学校の課題」は，就学に伴う段差である。幼児

1）東京都教育委員会「東京都教育ビジョン（第2次）」2008，p. 34.

2）和田信行「保小連携に関する調査研究報告書」，日本保育協会，2013，pp. 3－7.

教育の基本は、「主体的な活動（遊び）」や「環境を通して行う」ものであるが、小学校以降の教育は「教科学習」となる。つまり小学校入学直後、遊びから学びに生活の中心が変わり、幼児教育から小学校教育へ指導方法が一変することで、段差が生じることによって起こる問題とされる。

2）小学校教育との円滑な接続

幼稚園教育要領等では「幼児期の教育と小学校教育との円滑な接続を図ることに努める」と記されている。円滑な接続とはどのようなものだろうか。

図6−1のような「上がれない段差」に目が向きがちだが、それまで幼稚園・保育所等で年長さんとして「学びの自立」「生活上の自立」「精神的な自立」の「3つの自立」[3]が養われ、自信を持って園生活を過ごしてきた幼児にとって、小学校入学後に一番幼く“してもらう”存在となることにより、これまでの意欲や自尊心を奪われることもある（図6−2）。

では、接続期において段差がなければよいのかといえばそうではなく、段差を滑らかにすることが重要となる（図6−3）。子どもにとって1年生になる期待や小学校へのあこがれはとても大切なものであり、子どもが幼児期に身につけた力で対応できるような滑らかな「段差」が必要となる。

これらをふまえ、幼稚園・保育所等における協同的な活動の充実など、就学を意識した「アプローチカリキュラム」について見ていく。また、小学校では、はじめは生活科を中心とした「スタートカリキュラム」や国語・音楽・図画

3）幼児期の教育と小学校教育の円滑な接続の在り方に関する調査研究協力者会議「幼児期の教育と小学校教育の円滑な接続の在り方について（報告）」2010, p. 15.

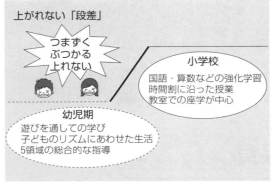

図6−1　上がれない段差のイメージ

出典）栃木県教育センターwebサイト（http://www.tochigi-edu.ed.jp/center/youji/cyosa/PDF/manabiwotsunagu-youhoshorenkei.pdf）より改変

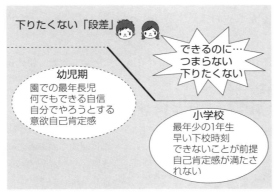

図6−2　下りたくない段差のイメージ

出典）図6−1に同じ

図6−3　なめらかな段差のイメージ

出典）図6−1に同じ

工作などで，「表現」や「言葉」の内容を意識した学習内容の充実を図っていくことが求められる。

（2）幼稚園教育要領，保育所保育指針，幼保連携型認定こども園教育・保育要領から見た保幼小の連携

幼稚園教育要領の「第1章　第3」には，子どもが小学校へ就学するにあたって，次のように記されている。

> 5　小学校教育との接続に当たっての留意事項
> （1）幼稚園においては，幼稚園教育が，小学校以降の生活や学習の基盤の育成につながることに配慮し，幼児期にふさわしい生活を通して，創造的な思考や主体的な生活態度などの基礎を培うようにするものとする。
> （2）幼稚園教育において育まれた資質・能力を踏まえ，小学校教育が円滑に行われるよう，小学校の教師との意見交換や合同の研究の機会などを設け，「幼児期の終わりまでに育ってほしい姿」を共有するなど連携を図り，幼稚園教育と小学校教育との円滑な接続を図るよう努めるものとする。
>
> ※保育所保育指針では第2章4「（2）小学校との連携」，幼保連携型認定こども園教育・保育要領では第1章第2の1「（5）小学校教育との接続に当たっての留意事項」に同様の記述がある。

なお，小学校への接続にあたっては，以下に説明する「3つの資質・能力」および「幼児期の終わりまでに育ってほしい姿」をふまえる必要がある。

1）3つの資質・能力

幼稚園教育要領，保育所保育指針，幼保連携型認定こども園教育・保育要領（以下，要領・指針）は，2018（平成30）年より実施されている。要領・指針の実施に続いて2020（令和2）年からは小学校学習指導要領，2021（令和3）年から中学校学習指導要領も全面実施され，2022（令和4）年には高等学校学習指導要領が年次進行で実施される[4]。この改訂では，幼児期から高等学校修了までを見通し，共通した以下の3つの資質・能力を育てることが明記された。

① 知識及び技能（の基礎）

② 思考力，判断力，表現力等（の基礎）

③ 学びに向かう力，人間性等

幼児教育では「知識及び技能」と「思考力，判断力，表現力等」については幼児期の特性に合わせ"基礎"とされているが，一貫した視点を持って教育を実施できることから，より学校種間の連携や接続が重要になったといえる。

2）幼児期の終わりまでに育ってほしい姿

要領・指針等には，「幼児期の終わりまでに育ってほしい姿」が明記されて

[4]　文部科学省「今後の学習指導要領改訂に関するスケジュール」2019.

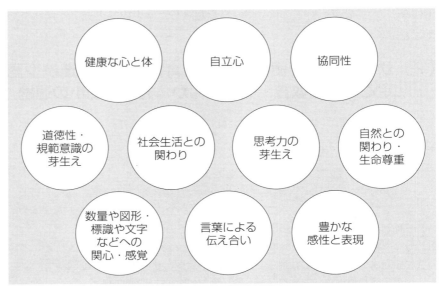

図6－4　幼児期の終わりまでに育ってほしい姿（10の姿）

いる。これは，就学（小学校入学）までに育まれる子どもの姿を，10の具体的な視点からとらえて明確化したものである（図6－4）。

　しかしこれは，あくまでも育ってほしい姿の方向性であり，達成すべき目標ではないということに留意したい。保育者主導で指導するのではなく，子どもたちに必要な体験が得られるように，環境を整えていくというスタンスが保育者にとって大切である。

　幼児教育の特性である「遊びを通した学び」をとらえることは簡単ではなく，そのために保育者が子どもの育ちを言語化したり可視化したりしていくことが大切になる。これは，小学校へ子どもの育ちを伝え，共有し合うための視点となるものである。

（3）アプローチカリキュラムとスタートカリキュラム

　「アプローチカリキュラム」とは，幼稚園・保育所・認定こども園から小学校への移行をスムーズにするために，園生活において，小学校の教育内容・方法や生活環境に近づけていくことがねらいとなっている。実施の時期は，就学間近（1月頃～3月）に焦点を当てて作成するが，園や子どもの実態に合わせて10月からの6か月間や，5歳児の1年間としている場合もある。ただしこれは，要領・指針等で示されている5領域や養護の「ねらい及び内容」を変えるということではない。

　「スタートカリキュラム」は，幼稚園などで遊びを通して学んできたさまざ

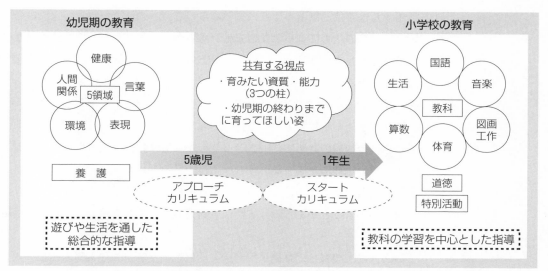

図6−5　幼児期の教育から小学校の教育へのなめらかな移行のイメージ

まな活動を小学校の教育内容・方法で取り組めるようにしたり，生活環境に適応させたりしていくことがねらいである。小学校入学初期（4月〜6月頃）に焦点を当てて作成するが，時期については夏休みまでや1年間など長いスパンでとらえることもある。学習指導要領で示されている教科や領域などの目標，内容，標準時間を逸脱することではない。

　アプローチカリキュラムおよびスタートカリキュラムは，小学校へのなめらかな接続を目指して行われるものであるものの，要領・指針等あるいは小学校学習指導要領を逸脱して行うものではないことを理解しておく必要がある（図6−5）。

2　保幼小連携の実際

（1）要録の作成と活用

1）要録の役割

　これまでに見てきたように，小学校への接続については，乳幼児期から学齢期までの情報共有や切れ目のない支援が求められている。「幼稚園幼児指導要録」「保育所児童保育要録」「幼保連携型認定こども園園児指導要録」（以下，「要録」）は，幼児の学籍ならびに指導の過程とその結果の要約を記録し，その後の指導や外部に対する証明等に役立たせるための原簿となるものである。学校教育法施行規則によって作成と送付・保存が定められた公式文書である。要録

を活用する意義は，以下の4点にまとめられる。

① 　子どものために：小学校の先生があらかじめ子どもたちの特性や配慮事項を把握していることによって，子どもは小学校生活へスムーズに移行しやすくなる。

② 　保護者のために：保護者が伝えきれない幼稚園等での子どもの様子や発達状況を，小学校の先生へ伝えてもらうことができる。

③ 　小学校教諭のために：一人ひとりの子どもの特性や配慮事項を知ることで，その子理解が深まる。

④ 　保育者のために：保育者自身の保育を振り返ることにつながり，保育の質を高めることができる。また，職員間の共通理解を深めることにも活用できる。

このように，要録は幼稚園・保育所・幼保連携型認定こども園（以下，「保育施設」）での子どもの育ちをそれ以降の生活や学びへとつなげるために役立つものである。小学校において子どもの育ちを支え，子どもの理解を助けるために，保育施設での生活を通して子どもが育ってきた過程を振り返り，その姿や支援の状況をまとめられた，保育施設から確実に小学校等へ引き継ぐための大切な資料なのである。

2）記入する項目

要録は，幼児の学籍ならびに指導の過程とその結果の要約を記録し，その後の指導および外部に対する証明等に役立たせるための原簿となるものであり，「学籍に関する記録」と「指導に関する記録」を記載する。

「学籍に関する記録」は，外部に対する証明原簿としての性格を持つものとし，原則として入園時および転園・退園等の異動が生じたときに記入する。

「指導に関する記録」は，1年間の指導の過程とその結果を要約し，次の年度の適切な指導に資するための資料としての性格を持つものであり，「指導の重点等」「指導上参考となる事項」「出欠の状況」「備考」を記入する。

また，2017（平成29）年に要領・指針が改訂（改定）されたことに伴い，「指導上参考となる事項」についての項目は，これまでの記入の考え方を引き継ぐとともに，最終学年の記入にあたっては，特に小学校等における児童の指導に生かされるよう，「幼児期の終わりまでに育ってほしい姿」を活用して幼児に育まれている資質・能力をとらえ，指導の過程と育ちつつある姿をわかりやすく記入することに留意するよう追記され，このことをふまえ，様式の参考例も見直された[5]（表6-1）。

5）文部科学省通知「幼稚園及び特別支援学校幼稚部における指導要録の改善について」(29文科初第1814号　平成30年3月30日).

表6－1　幼稚園幼児指導要録（最終学年の指導に関する記録）

ふりがな 氏名		令和　　年度	幼児期の終わりまでに育ってほしい姿	
	令和　　年　　月　　日生	指導の重点等	（学年の重点） （個人の重点）	「幼児期の終わりまでに育ってほしい姿」は，幼稚園教育要領第2章に示すねらい及び内容に基づいて，各幼稚園で，幼児期にふさわしい遊びや生活を積み重ねることにより，幼稚園教育において育みたい資質・能力が育まれている幼児の具体的な姿であり，特に5歳児後半に見られるようになる姿である。「幼児期の終わりまでに育ってほしい姿」は，とりわけ幼児の自発的な活動としての遊びを通して，一人一人の発達の特性に応じて，これらの姿が育っていくものであり，全ての幼児に同じように見られるものではないことに留意すること。
性別				

	ねらい （発達を捉える視点）			
健康	明るく伸び伸びと行動し，充実感を味わう。	指導上参考となる事項	健康な心と体	幼稚園生活の中で，充実感をもって自分のやりたいことに向かって心と体を十分に働かせ，見通しをもって行動し，自ら健康で安全な生活をつくり出すようになる。
	自分の体を十分に動かし，進んで運動しようとする。		自立心	身近な環境に主体的に関わり様々な活動を楽しむ中で，しなければならないことを自覚し，自分の力で行うために考えたり，工夫したりしながら，諦めずにやり遂げることで達成感を味わい，自信をもって行動するようになる。
	健康，安全な生活に必要な習慣や態度を身に付け，見通しをもって行動する。			
人間関係	幼稚園生活を楽しみ，自分の力で行動することの充実感を味わう。		協同性	友達と関わる中で，互いの思いや考えなどを共有し，共通の目的の実現に向けて，考えたり，工夫したり，協力したりし，充実感をもってやり遂げるようになる。
	身近な人と親しみ，関わりを深め，工夫したり，協力したりして一緒に活動する楽しさを味わい，愛情や信頼感をもつ。		道徳性・規範意識の芽生え	友達と様々な体験を重ねる中で，してよいことや悪いことが分かり，自分の行動を振り返ったり，友達の気持ちに共感したりし，相手の立場に立って行動するようになる。また，きまりを守る必要性が分かり，自分の気持ちを調整し，友達と折り合いを付けながら，きまりをつくったり，守ったりするようになる。
	社会生活における望ましい習慣や態度を身に付ける。			
環境	身近な環境に親しみ，自然と触れ合う中で様々な事象に興味や関心をもつ。		社会生活との関わり	家族を大切にしようとする気持ちをもつとともに，地域の身近な人と触れ合う中で，人との様々な関わり方に気付き，相手の気持ちを考えて関わり，自分が役に立つ喜びを感じ，地域に親しみをもつようになる。また，幼稚園内外の様々な環境に関わる中で，遊びや生活に必要な情報を取り入れ，情報に基づき判断したり，情報を伝え合ったり，活用したりするなど，情報を役立てながら活動するようになるとともに，公共の施設を大切に利用するなどして，社会とのつながりなどを意識するようになる。
	身近な環境に自分から関わり，発見を楽しんだり，考えたりし，それを生活に取り入れようとする。			
	身近な事象を見たり，考えたり，扱ったりする中で，物の性質や数量，文字などに対する感覚を豊かにする。		思考力の芽生え	身近な事象に積極的に関わる中で，物の性質や仕組みなどを感じ取ったり，気付いたりし，考えたり，予想したり，工夫したりするなど，多様な関わりを楽しむようになる。また，友達の様々な考えに触れる中で，自分と異なる考えがあることに気付き，自ら判断したり，考え直したりするなど，新しい考えを生み出す喜びを味わいながら，自分の考えをよりよいものにするようになる。
言葉	自分の気持ちを言葉で表現する楽しさを味わう。			
	人の言葉や話などをよく聞き，自分の経験したことや考えたことを話し，伝え合う喜びを味わう。		自然との関わり・生命尊重	自然に触れて感動する体験を通して，自然の変化などを感じ取り，好奇心や探究心をもって考え言葉などで表現しながら，身近な事象への関心が高まるとともに，自然への愛情や畏敬の念をもつようになる。また，身近な動植物に心を動かされる中で，生命の不思議さや尊さに気付き，身近な動植物への接し方を考え，命あるものとしていたわり，大切にする気持ちをもって関わるようになる。
	日常生活に必要な言葉が分かるようになるとともに，絵本や物語などに親しみ，言葉に対する感覚を豊かにし，先生や友達と心を通わせる。			
			数量や図形，標識や文字などへの関心・感覚	遊びや生活の中で，数量や図形，標識や文字などに親しむ体験を重ねたり，標識や文字の役割に気付いたり，自らの必要感に基づきこれらを活用し，興味や関心，感覚をもつようになる。
表現	いろいろなものの美しさなどに対する豊かな感性をもつ。		言葉による伝え合い	先生や友達と心を通わせる中で，絵本や物語などに親しみながら，豊かな言葉や表現を身に付け，経験したことや考えたことなどを言葉で伝えたり，相手の話を注意して聞いたりし，言葉による伝え合いを楽しむようになる。
	感じたことや考えたことを自分なりに表現して楽しむ。			
	生活の中でイメージを豊かにし，様々な表現を楽しむ。		豊かな感性と表現	心を動かす出来事などに触れ感性を働かせる中で，様々な素材の特徴や表現の仕方などに気付き，感じたことや考えたことを自分で表現したり，友達同士で表現する過程を楽しんだりし，表現する喜びを味わい，意欲をもつようになる。

出欠状況		年度	備考	
	教育日数			
	出席日数			

学年の重点：年度当初に，教育課程に基づき長期の見通しとして設定したものを記入
個人の重点：1年間を振り返って，当該幼児の指導について特に重視してきた点を記入
指導上参考となる事項：
(1) 次の事項について記入すること。
　①1年間の指導の過程と幼児の発達の姿について以下の事項を踏まえ記入すること。
　　・幼稚園教育要領第2章「ねらい及び内容」に示された各領域のねらいを視点として，当該幼児の発達の実情から向上が著しいと思われるもの。
　　　その際，他の幼児との比較や一定の基準に対する達成度についての評定によって捉えるものではないことに留意すること。
　　・幼稚園生活を通して全体的，総合的に捉えた幼児の発達の姿。
　②次の年度の指導に必要と考えられる配慮事項等について記入すること。
　③最終年度の記入に当たっては，特に小学校等における児童の指導に生かされるよう，幼稚園教育要領第1章総則に示された「幼児期の終わりまでに育ってほしい姿」を活用して幼児に育まれている資質・能力を捉え，指導の過程と育ちつつある姿を分かりやすく記入するように留意すること。また，「幼児期の終わりまでに育ってほしい姿」が到達すべき目標ではないことに留意し，項目別に幼児の育ちつつある姿を記入するのではなく，全体的，総合的に捉えて記入すること。
(2) 幼児の健康の状況等指導上特に留意する必要がある場合等について記入すること。
備考：教育課程に係る教育時間の終了後等に行う教育活動を行っている場合には，必要に応じて当該教育活動を通した幼児の発達の姿を記入すること。

（2）特別な配慮を必要とする幼児の引き継ぎ

　小学校へ就学していく子どもたちの中には，特別な配慮として特別支援教育を必要とする子どももいる。特別支援教育とは，文部科学省によれば，「障害のある幼児児童生徒の自立や社会参加に向けた主体的な取組を支援するという視点に立ち，幼児児童生徒一人一人の教育的ニーズを把握し，その持てる力を高め，生活や学習上の困難を改善又は克服するため，適切な指導及び必要な支援を行うもの」[6]である。2007（平成19）年4月から，特別支援教育が学校教育法に位置づけられ，すべての学校において，障害のある幼児・児童・生徒の支援をさらに充実することとなった。支援の必要な幼児については要録による引き継ぎだけでなく，時間をかけて引き継いでいく必要がある。ここでは，特別支援の視点から見た連携を事例に取り上げる（図6-6）。

　事例において，小学校での支援を希望する保護者は，「就学支援シート《様式1》」「就学支援シート《様式2》」を教育委員会に提出する。《様式1》とは，市立小学校支援学級入級や支援学校入学を検討している幼児を対象としたものであり，5歳児の5月には提出し，次年度の就学に向けて準備に取りかかる。《様式2》とは，市立小学校支援学級入級や支援学校入学は考えていないが，就学に関して心配な点があり，丁寧な引き継ぎを希望している幼児を対象としたものであり，12月に提出し就学に備える。

6）文部科学省「特別支援教育を推進するための制度の在り方について（答申）」2005, p. 5.

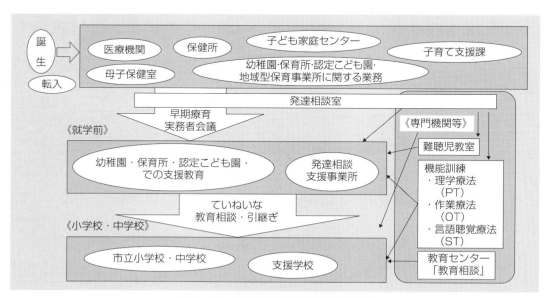

図6-6　連続した支援体制の連携

箕面市教育委員会『箕面市支援保育・支援教育推進ハンドブック』p. 2，2017を改変.

事例6－1　《様式1》の場合：発達に遅れのあるY（男児）の引き継ぎ

　Yは新版K式発達検査*の結果，凹凸のないバランスがよい状態ではあるが，年齢よりも1～1.5歳程度の発達の遅れがみられることがわかった。市の療育機関にもつながっており，園でも支援担当の保育者に見守られながら生活を送っている。

　感情表現に乏しく，保育者や友達に対しての特定の感情を示すことも少なかった。園での活動（遊び）はクラスの友達の行動を見て一緒にやってみることはあるが，主体的に行動することは少ない。Yは排泄の自立も不十分で，保育室内で失敗することも多いのだが，自分から言わないため，保育者が臭いなどで気づき，着替えを促すことが繰り返されていた。

　就学にあたっては保護者同意の下，就学引き継ぎシート《様式1》を作成した。シートを基に4者（保護者と本人・小学校（校長・教員）・園（園長・担任）・教育委員会）で面談を行った。園での生活の姿を共有することで，小学校からは「生活の基盤，姿勢や意欲を学習よりも先に大切にする」こと，その上で「トイレから一番近い教室のクラスにすること」，「休憩ごとに声をかけてもらうこと」が提案され，Yが過ごしやすい環境を整えることつながった。

*新版K式発達検査：乳幼児や児童の発達の状態を，精神活動の諸側面にわたってとらえることができるように作成されている。発達の精密な観察を行い，精神発達のさまざまな側面について，全般的な進みや遅れ，バランスの崩れなど発達の全体像をとらえるための検査である。

事例6－2　《様式2》の場合：吃音のあるK（男児）の引き継ぎ

　Kには卒園児の兄がいることから，母親と担任教諭は気軽に話ができる良好な関係性が築けている。Kはほとんど吃音*が出ない時期と吃音が出る時期の波があり，常にみられるわけではない。様子を見ながら対処することが必要で，カウンセリングにも半年から1年に1回程度通っており，その情報（対処方法）も園に伝えられていた。

　Kには吃音以外にも，保育の中で保育者の問いかけに対する答えがかみ合わないなど，発達に関して気になる点があったため，担任は保護者に伝えることにした。話し合いでは，吃音に対する対応も含め，就学支援シート《様式2》を提出することで，小学校に就学したときにきめ細やかな対応をしてもらえるので，一度検討してみてはどうかということを提案した。母親自身もKの発達について気になっている部分があったため対応は早く，初めにかかりつけの小児科受診し，そこでも「M市発達相談」への相談を勧められた。

　母親からの連絡を受けた発達相談の臨床心理士から園に連絡が入り，連携を図ることにつながった。発達テストの結果では，学習面についての問題はないが，コミュニケーションのちぐはぐさなどがみられることがわかった。保護者同意の下，支援シート《様式2》を作成し，教育委員会に提出した。

*吃音：語頭音を繰り返す（「わ，わ，わたし」），引き伸ばす（「わーーたし」）や，つまる（「…わたし」）など，滑らかに発話ができなくなる状態のことをいう。

（3）交流会の実際

1）幼児と児童の交流

　アプローチカリキュラムとスタートカリキュラムをふまえた連携の重要性について　は，先述の通りである。実際に保幼小が連携して継続的なプログラムを行うことが求められる。しかし，主に都市部では，1つの小学校に10園以上もの保育施設から就学しており，その園の多くは私立園であることから，それぞれの園に対応した連携したプログラムの実施は難しいことが実情である。

　実際には小学校の行事や授業に，保育施設の園児が招待される活動などが行われている。その中でも特に就学を間近に控えた幼児を迎え交流会を行う小学校は多い。1年生と一緒に遊ぶ（じゃんけん列車や手遊び），小学校内の探検（教室・図書室・給食室などを見て回る）など，入学に期待を持てるようなプログラムが実施されている。

2）保育者と小学校教諭の交流

① 　学びの連続性を確保するために：小学校教諭免許を持たない幼稚園教諭や保育士，幼稚園教諭免許や保育士資格を持たない小学校教職員は多い。研修会等を通して，それぞれの保育や指導について話し合い，保幼小連携に対する各自の関心や取り組みの観点の違い，各々の知りたいことに違いについて理解を深めることが必要となる。

② 　一人ひとりの子どもの理解のために：先述のように，要録の送付が学校教育法によって義務づけられているが，要録の送付以外に，年度末に小学校主催で「保幼小連携会議」が行われる場合も多い。これは，園ごとに小学校教諭が対応してくれるものである。要録には記していない情報の追加，や友達同士（あるいは保護者同士）の関係など，クラス編成において配慮してほしい事項などを相談することもある。具体的には，保護者は個別の支援が必要であることに同意していないが，園では必要だと感じていることを事前に伝えておくことや，支援の必要な幼児が安心して一緒にいることのできる友達などを伝えておくことで，入学後，子どもがスムーズに学校生活を送ることにつながる。また，小学校によっては，一斉の連携会議ではなく，小学校から教師が来園して行う場合もある。この場合は保育環境や遊びの様子を小学校の教師に見てもらうことで，子ども達の育ってきた環境をより理解してもらうことができ，より細かな理解が可能となる。

コラム⑥　私立幼稚園と公立小学校の連携の難しさ

　私立の幼稚園・保育所・認定こども園は，要領・指針に沿って教育課程（全体的な計画）を編成しているが，それは一様ではなく，それぞれの独自性を出し個性的な保育を行っている。例えば都市部など地域によっては，幼児の多くが私立園に在籍し，それぞれが居住する地域の公立小学校へ進学していく。

　小学校は，さまざまな保育理念・環境で育ってきた子どもたち（例えば，文字や算数を教えるなど座ってする活動の多い園，外遊びを中心とした保育を行っている園等）を受け入れることになる。1年生の始めの授業は，小学校での先取りを行っている園で育った場合，すでに習ったことで「つまらない」時間となり，自分で選んだ好きな遊びを存分に経験してきた場合は初めてのことで「興味津々で楽しい」時間となる。就学前に過ごしてきた保育内容の違いも，このような教室内での温度差となり，小1プロブレムにもつながっていくのだろう。

　それを解消するためには，それぞれの園の特徴を生かした教育課程（全体的な計画）を大切にしながらも，小学校でも主体的・対話的で深い学びが継続できるように，接続期のプログラム（アプローチカリキュラム）に取り組んでいくことが必要となる。

コラム⑦　仕事を効率化する方法

　アメリカの労働者は，9：00〜17：00の定時で仕事を終える者が圧倒的に多数であるという。それに対して日本では，「残業文化」があらゆる業種において存在し，それによって多くの働く人々は，自分の時間を削ることによって「やった感」を出すという働き方から抜け出せないでいる。

　「働き方改革」は，「個人」と「企業」の両方から考えなければならないが，進めていくべきなのは個人の働き方である。

　まず，仕事の「緊急」「重要度」のベクトルから，優先度を見直してみる。往々にして，重要度は高くないが緊急度が高いものから手をつけがちであるが，あくまで「重要度」を優先してみよう。

　最近，プレミアムフライデー等のワークライフの改革が試みられている。保育施設の現場でも「time is money」ではなく「time is life」への転換が必要である。

演習課題

課題 1：幼稚園・保育所・幼保連携型認定こども園等の 5 歳児と，小学校 1 年
　　　　　生の一日の生活の流れを書き出してみよう。そこから共通点と相違点
　　　　　を整理し，段差をなめらかにするための工夫を考えてみよう。

課題 2：自分の居住する地域の幼児と小学校児童の交流プログラムについてイ
　　　　　ンターネット等で調べ，周りの人と話し合ってみよう。

参考文献

木下光二『遊びと学びをつなぐ　これからの保幼小接続プログラム』チャイルド本
　社，2019.
文部科学省『幼児理解に基づいた評価』チャイルド本社，2019.
三浦光哉編著『5 歳アプローチカリキュラムと小 1 スタートカリキュラム　小 1 プ
　ロブレムを予防する保幼小の接続カリキュラム』ジアース教育新社，2018.

第7章 保育者の資質向上とキャリア形成

昨今，保育者の資質向上の必要性と職場改善を含めた働き方改革が議論されている。それは，一つ一つの幼稚園，保育所，認定こども園の問題ではなく，就学前の教育・保育施設として現在の待機児童，保育者不足の問題，また，目前に迫る少子化による定員割れ問題等を抱える運命共同体として取り組まなければならない課題があるということである。中でも，人材養成と保育者の確保は最優先事項であり，本章ではそのために具体的にどのような取り組みが必要であるかを論じる。

1 組織とリーダーシップ

（1）「組織」としての保育所，幼稚園，認定こども園

1）「組織」とは

人は，社会的動物であるといわれる。私たちは何らかの「組織」に属し，社会生活を営んでいるが，はたして「組織」とは何であろうか。

広辞苑では，組織とは，「ある目的を達成するために，分化した役割を持つ個人や下位集団から構成される集団」としている[1]。また，アメリカの経営者バーナード（Barnard, C. I.）は，「組織」を「意識的に調整された2人またはそれ以上の人々の活動や諸力のシステム」と定義した。またバーナードは，「組織は，①相互に意思を伝達できる人々がおり，②それらの人々は行為を貢献しようとする意欲をもって，③共通の目的の達成をめざすときに，成立する」[2]としている。すなわち，組織が成立するためには，①意思疎通，②協働意思，③共通目的，という3つの要件が必要なのである。

2）「組織」としての保育の質の向上

就学前の教育・保育施設である保育所，幼稚園，認定こども園等においては，

1）新村出編『広辞苑（第七版）』岩波書店，2018，p. 1712.

2）C・I・バーナード著／山本安次郎，田杉競，飯野春樹訳『新訳 経営者の役割』ダイヤモンド社，1968，p. 85.

「組織」として，保育者が相互に意思疎通を図りながら，協働し，保育の質の向上に取り組むことが求められるのである。

保育所保育指針では，「第5章　職員の資質向上」の前文において，「保育所は，質の高い保育を展開するため，絶えず，一人一人の職員についての資質向上及び職員全体の専門性の向上を図るよう努めなければならない」と示され，保育者のみならず，職員全体，すなわち「組織」として専門性を高めることが求められている。これは保育所保育指針に示されたものではあるが，その内容は幼稚園，認定こども園においても共通するものである。

3）一人ひとりの職員の資質向上および職員全体の専門性の向上と組織的取り組み

保育所保育指針第5章における「1　職員の資質向上に関する基本的事項」では，「（1）保育所職員に求められる専門性」として，「子どもの最善の利益を考慮し，人権に配慮した保育を行うためには，職員一人一人の倫理観，人間性並びに保育所職員としての職務及び責任の理解と自覚が基盤となる」とされた。これは，職員一人ひとりが保育所職員，すなわち保育所という組織の一員としての責任を自覚し，倫理観と保育者にふさわしい人間性を持って保育にあたらなければならないことを示したものである。

また，「各職員は，自己評価に基づく課題等を踏まえ，保育所内外の研修等を通じて，保育士・看護師・調理員・栄養士等，それぞれの職務内容に応じた専門性を高めるため，必要な知識及び技術の修得，維持及び向上に努めなければならない」と，保育者だけではなく園の全職員が自己評価や研修を通して，自己研鑽に取り組む必要性が示された。

さらに，「（2）保育の質の向上に向けた組織的な取組」として「保育所においては，保育の内容等に関する自己評価等を通じて把握した，保育の質の向上に向けた課題に組織的に対応するため，保育内容の改善や保育士等の役割分担の見直し等に取り組むとともに，それぞれの職位や職務内容等に応じて，各職員が必要な知識及び技能を身につけられるよう努めなければならない」とされ，職員一人ひとりの自己研鑽に帰するだけではなく，組織として研修等に取り組む中で，保育の質の向上を図る必要性が示されている。

（2）就学前の教育・保育施設におけるリーダーシップ

1）リーダーシップとは

「組織」においてその目的を達成するためには，組織に属するメンバー一人ひとりが行動し，力を発揮することができるよう促すリーダーシップの力「指導力，統率力」が求められる。

経営学者であるドラッカー（Drucker, P. F.）はリーダーシップについて，「仕事・責任・信頼」という言葉を使って定義づけている[3]。第1に，リーダーシップは生まれ持った資質ではなく「仕事」であるとし，目標・基準・優先順位などを定めるとともに維持・行動するのがリーダーであるということを説いている。第2に，リーダーシップは地位や特権ではなく「責任」であるとして，リーダーとしてスタッフの行動を支援しながら，責任を持つことが必要としている。第3には，リーダーシップは「信頼」であるとし，リーダーとしての仕事をし，メンバーに対する責任を持つことで最終的に信頼が得られ，スタッフが従うことになるのだとしている。

3）P・F・ドラッカー著／上田惇生編訳『プロフェッショナルの条件』ダイヤモンド社，2000，pp. 202-205.

2）就学前の教育・保育施設におけるリーダーシップ

就学前の教育・保育施設におけるリーダーシップについては，保育所保育指針の第5章で，「（1）施設長の責務と専門性の向上」としてリーダーである園長のあり方が示された。保育所保育指針に示されたものではあるが，園長のあり方として，その内容は幼稚園，認定こども園にも共通するものであるため，ここでは園長と表記することとする。

上記においては，「施設長は，保育所の役割や社会的責任を遂行するために，法令等を遵守し，保育所を取り巻く社会情勢等を踏まえ，施設長としての専門性等の向上に努め，当該保育所における保育の質及び職員の専門性向上のために必要な環境の確保に努めなければならない」とされている。これは，園長の専門性としてのリーダーシップについては，「保育の質及び職員の専門性向上のために必要な環境の確保」という形で発揮されることが期待されているということである。園長としてのリーダーシップは，職員の主体的な自己研鑽を促し，励ますとともに，「（2）職員の研修の機会の確保等」において「施設長は，保育所の全体的な計画や，各職員の研修の必要性等を踏まえて，体系的・計画的な研修機会を確保するとともに，職員の勤務体制の工夫等により，職員が計画的に研修等に参加し，その専門性の向上が図られるよう努めなければならない」と示されるように，研修の機会を整えることで自己研鑽を支援することでも発揮される。先頭に立って引っ張ることがリーダーシップと考えがちであるが，子どもに対する保育と同様，「見守り，援助し，励ます」リーダーシップの発揮の方法があることも知っておきたい。

（3）園長によるリーダーとしての研修計画

1）職員の研修

職場における研修には，大きく分けて2つの研修方法がある。一つは職場内研修「OJT（On-the-Job Training：オン・ザ・ジョブ・トレーニング）」であり，

もう一つは職場外研修「Off-JT（Off the Job Training：オフ・ザ・ジョブ・トレーニング）」である。

OJTについては，園長は，職員が日々の保育実践を通じて，必要な知識および技術の習得，維持および向上を図るとともに，保育の課題等への共通理解や協働性を高め，園全体としての保育の質の向上を図っていくために，日常的に職員同士が主体的に学び合う姿勢と環境を整えることが重要である。そのような職場環境の構築により，職場内での研修の充実が図られる。

一方Off-JTについては，関係機関等による研修等を活用するとともに，園長は人員の確保等，参加機会が確保されるよう努める必要がある。

2）研修の実施体制

保育者は，専門職としての成長を伴う仕事である。それは，経験の積み重ねによる単なる熟練ではなく，子ども，保護者，保育者間，多職種の職員，地域住民，関係機関等，多様な人々との相互性を伴いながら幅広く専門性を積み重ねていく成長である。その関係性や専門性の広がりの中に，保育者としての葛藤を抱えつつ得られる充実感やさらなる自己研鑽への動機づけがある。

園長は，そのような保育者としての成長にかかわる研修の機会をすべての職員が持つことができるよう配慮するとともに，研修における学びの成果が職務内容に反映されるようにしなければならない。

❷　保育者の専門性の向上とキャリア形成の意義

（1）保育者の専門性とは

保育者は，保育所や幼稚園，認定こども園で子どもとかかわり始めると同時に，専門職として認識される。もちろん，多くの場合養成校での資格，免許の取得を経て保育者となるのであるが，資格，免許の取得が保育者のゴールではなく，むしろ資格，免許の取得は保育者としてのスタートである。

保育士については，児童福祉法第18条の4において「保育士の名称を用いて，専門的知識及び技術をもって，児童の保育及び児童の保護者に対する保育に関する指導を行うことを業とする者をいう」との規定がなされている。これをふまえ，保育所における保育士は，子どもの保育や家庭での子育ての支援に関する専門職として，保育所保育の中心的な役割を担うこととなる。

保育士の専門性については，保育所保育指針解説において，6つの内容にまとめられている。すなわち，保育士に求められる専門的な知識および技術としては，次の6つである[4]。

4）厚生労働省「保育所保育指針解説」2018，p. 17.

> ①　これからの社会に求められる資質を踏まえながら，乳幼児期の子どもの発達
> 　に関する専門的知識を基に子どもの育ちを見通し，一人一人の子どもの発達を
> 　援助する知識及び技術
> ②　子どもの発達過程や意欲を踏まえ，子ども自らが生活していく力を細やかに
> 　助ける生活援助の知識及び技術
> ③　保育所内外の空間や様々な設備，遊具，素材等の物的環境，自然環境や人的
> 　環境を生かし，保育の環境を構成していく知識及び技術
> ④　子どもの経験や興味や関心に応じて，様々な遊びを豊かに展開していくため
> 　の知識及び技術
> ⑤　子ども同士の関わりや子どもと保護者の関わりなどを見守り，その気持ちに
> 　寄り添いながら適宜必要な援助をしていく関係構築の知識及び技術
> ⑥　保護者等への相談，助言に関する知識及び技術

　これらの専門性について，図7－1に要約した。養成校での座学による学びで得た知識や技術は，目の前に子どもの姿があるわけではなく，知識がどのように保育実践に結びつくのか，また，技術が実践の場でどのように活かされるのかをイメージすることは難しいであろう。したがって，知識と技術が独立したものとして身につけられていたり，子どもの実際の姿がイメージできないまま身についていたりするなど，保育実践の場面で即座には対応できないこともあるであろう。

　ところが保育実践において，図7－1に示す6つの知識および技術は，目の前の子どもや保護者と実際にかかわる中で，保育者の実際の行為として実践される知識および技術であり，実践においては，それらの知識および技術は，それぞれ独立した専門性として向上していくのではなく，互いに影響を及ぼしながら，一つ一つがより広い専門性として深まっていく。

　実践においてそのような専門性の深まりがあるのは，実践の中には多様な関係性や生活背景，そして葛藤が存在するからである。

　例えば，子ども同士のトラブルの場面を考えてみよう。AちゃんとBちゃんがおもちゃを使う順番をめぐってケンカになり，Aちゃんが Bちゃんを叩き，Bちゃんが泣きながら保育者に援助を求めてきたとする。養成校で学ぶ実習生の立場であれば，「叩く」という不適切な行為を行ったAちゃんに対して，「注意をする」ことが保育者の適切なかかわりであるという一つの視点から子どもの行動をとらえ，「叩

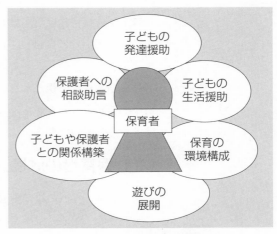

図7－1　保育者の専門性

くのはいけないね。叩かれたら嫌でしょう？　だったら謝ろうね」という介入をすることが多いのではないだろうか。しかし，保育者として子どもと継続してかかわり，Ａちゃん，Ｂちゃんそれぞれの友達とのかかわり方の特性や生活背景，家庭の様子や保護者について，また今日のトラブルに至るまでの二者間の関係性など，より深い子ども理解の根拠となる多くの情報を得る中で，「Ａちゃんはお兄ちゃんによく叩かれているなぁ」「Ｂちゃんは，集中して遊んでいるＡちゃんの邪魔をすることが多い」「Ｂちゃんは泣くだけじゃなくて保育者に援助を求めることができるようになった」等，「叩く」という行為だけを問題としない場面のとらえ方をするようになる。そこには，子ども理解の深まりと，保育者としてどの視点に重点を置いてかかわるのかという葛藤，「別のかかわり方もあったのではないか」という，保育者として自己を振り返り，評価する中での葛藤がある。

　このような葛藤を経る中で，子どもの姿に学びつつ，同僚の保育者に相談したり，保護者と一緒に考えてみたりしながら新たな知識や技術を獲得する。そのような繰り返しの中に，保育者としての専門性の深まりがあるのである。

（2）保育者の倫理観

　保育者の専門性を裏づける重要な資質として，保育者としての「倫理観」がある。保育士に関しては，「全国保育士会倫理綱領」としてまとめられており，その内容は，「子どもの最善の利益の尊重」「子どもの発達保障」「保護者との協力」「プライバシーの保護」「チームワークと自己評価」「利用者の代弁」「地域の子育て支援」「専門職としての責務」である。子どもを権利の主体として尊重する，という保育者としての倫理の基本的な立ち位置は当然のことであるが，とりわけ SNS での発信が日常化している今日においては，何気ない操作ミスや安易な情報発信が思わぬ個人情報の漏洩や人権侵害につながる可能性があることを十分に自覚し，専門職であるという自覚を持って保育にあたらなければならないということである。さらに，保育士倫理綱領に示されたこれらの項目を振り返りの視点としつつ，日々の保育実践の中で保育者としての自身の倫理観を問い直しながら，よりたしかな倫理観を構築していくことが保育者には求められるのである。

（3）保育者の成長プロセス

　保育者は，養成の段階を経て，子どもの前に立ったところからその歩みがスタートする。養成の段階で培われた保育に関する基本的な知識と技術，保育専門職としての倫理観を土台として，保育者として成長していくのである。

全国保育士会倫理綱領

　すべての子どもは，豊かな愛情のなかで心身ともに健やかに育てられ，自ら伸びていく無限の可能性を持っています。

　私たちは，子どもが現在（いま）を幸せに生活し，未来（あす）を生きる力を育てる保育の仕事に誇りと責任をもって，自らの人間性と専門性の向上に努め，一人ひとりの子どもを心から尊重し，次のことを行います。

　　私たちは，子どもの育ちを支えます。
　　私たちは，保護者の子育てを支えます。
　　私たちは，子どもと子育てにやさしい社会をつくります。

（子どもの最善の利益の尊重）

1．私たちは，一人ひとりの子どもの最善の利益を第一に考え，保育を通してその福祉を積極的に増進するよう努めます。

（子どもの発達保障）

2．私たちは，養護と教育が一体となった保育を通して，一人ひとりの子どもが心身ともに健康，安全で情緒の安定した生活ができる環境を用意し，生きる喜びと力を育むことを基本として，その健やかな育ちを支えます。

（保護者との協力）

3．私たちは，子どもと保護者のおかれた状況や意向を受けとめ，保護者とより良い協力関係を築きながら，子どもの育ちや子育てを支えます。

（プライバシーの保護）

4．私たちは，一人ひとりのプライバシーを保護するため，保育を通して知り得た個人の情報や秘密を守ります。

（チームワークと自己評価）

5．私たちは，職場におけるチームワークや，関係する他の専門機関との連携を大切にします。

　また，自らの行う保育について，常に子どもの視点に立って自己評価を行い，保育の質の向上を図ります。

（利用者の代弁）

6．私たちは，日々の保育や子育て支援の活動を通して子どものニーズを受けとめ，子どもの立場に立ってそれを代弁します。

　また，子育てをしているすべての保護者のニーズを受けとめ，それを代弁していくことも重要な役割と考え，行動します。

（地域の子育て支援）

7．私たちは，地域の人々や関係機関とともに子育てを支援し，そのネットワークにより，地域で子どもを育てる環境づくりに努めます。

（専門職としての責務）

8．私たちは，研修や自己研鑽を通して，常に自らの人間性と専門性の向上に努め，専門職としての責務を果たします。

社会福祉法人　全国社会福祉協議会
全国保育協議会
全国保育士会

（平成15年2月26日　平成14年度第2回全国保育士会委員総会採択）

　　保育専門職としての成長の過程については数々の研究がされてきているが，図7－2は，養成校教員と保育士への調査からまとめられた，保育者の専門性が身についていくプロセスを示している。この調査では，保育者の専門性について「保育者基礎力」を基盤とし，態度，知識・技術の3要素と規定している。そして，この専門性がどのようなプロセスで身についていくのかについて，①養成課程，②勤務1～2年，③勤務3～4年，④勤務5年以上という4段階に分けて分析している。①～④のそれぞれの段階で身につく内容は，以下のようなものである。

　　「保育者基礎力」としては，①基本的マナー，②仕事への取り組み方である。

　　次に「態度」としては，①基本的な態度（他者に対する愛情や思いやり，使命

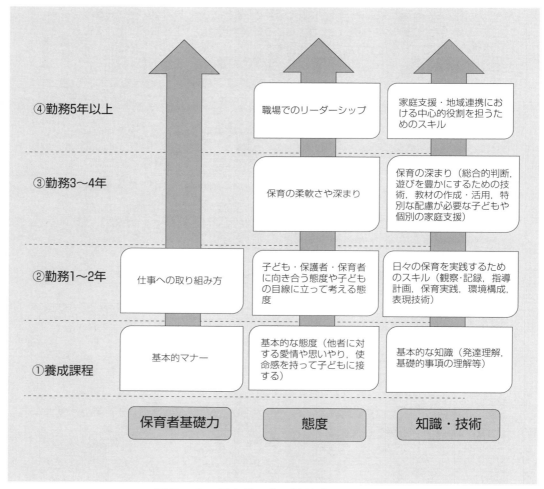

図7－2　保育者の専門性形成のプロセス

資料）全国保育士養成協議会の調査より筆者が作成.

感をもって子どもに接する），②子ども・保護者・保育者に向き合う態度や子どもの目線に立って考える態度，③保育の柔軟さや深まり，④職場でのリーダーシップである。

さらに，知識・技術としては，①基本的な知識（発達理解，基礎的事項の理解等），②日々の保育を実践するためのスキル（観察・記録，指導計画，保育実践，環境構成，表現技術），③保育の深まり（総合的判断，遊びを豊かにするための技術，教材の作成・活用，特別な配慮が必要な子どもや個別の家庭支援），④家庭支援・地域連携における中心的役割を担うためのスキルである。

図7－2に示されるこのプロセスは，養成課程での学びと現場における経験や研修の機会を重ね成立するものである。そのため，保育専門職としての成長を支援するにあたっては，養成機関と保育現場の協働が不可欠であり，その協働を創出する仕組みづくりが課題である。

また，秋田[5]は，ヴァンダー・ヴェン（Vander Ven, K.）の保育者の発達段階モデルを加筆修正し，保育者の社会的役割の視点から保育者としての発達段階を表7－1のように整理している。

この保育者の発達段階からも，保育者としての社会的役割を社会により影響力を持ちながら果たしていくためには，時間的な積み重ねが必要であることがわかる。

保育者は子どもの発達を援助する専門職であると同時に，保護者の親としての発達も支援しながら，自らも専門職として発達する存在であり，同時にその過程においての多様な人と人とのかかわりや協働が，保育者としての発達を支えているのである。

5）秋田喜代美「保育者のライフステージと危機」発達，83，2000，p. 50.

表7－1　保育者としての発達段階

①実習生・新任の段階	保育者として子どもにかかわり保育を実践するが，まだ一人前の専門家としては認められていない。
②初任の段階	先輩保育者から指導を受けつつ保育者として認められ，保育実践と教育的役割を果たす。
③洗練された段階	保育者，幼児教育・保育の専門家としての意識をもつ。
④複雑な経験に対処できる段階	より熟達した保育者として保育実践に携わり，またリーダー的機能を果たす。
⑤影響力のある段階	多様な役割と機能を果たした長い保育経験から，直接子どもとかかわる保育実践だけでなく，職場のスタッフへの責任も負うようになり，保育にかかわる社会的な問題についてもリーダーシップを発揮する。

（4）保育者としてのキャリア形成の意義

　保育実践の場は，子どもが生活，遊びを通して成長・発達する場であるというだけでなく，保護者，保育者にとってもそれぞれの生活と密接にかかわり，発達を遂げる場でもあるが，そこにおける，環境構成も含めた専門的かかわりを通して発達を促し，関係を調整する中心となるのは保育者である。

　保育者が専門職として保育実践の場でその専門戦を向上させていく過程は，子どもを中心に置いて，保育のマネジメントサイクルを機能させることの繰り返しの中にある（図7-3）。

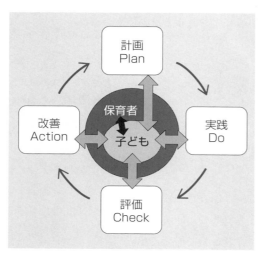

図7-3　保育のマネジメントサイクル

　保育者は，絶えず目の前の子どもの姿を直接，間接にとらえながら保育の計画を立て，実践においても子どもの姿を通して環境の再構成を行い，保育の評価をし，保育の改善を行う。その際，同僚の保育者との互いのマネジメントサイクルについての検討がキャリアアップにつながることはいうまでもないが，そのような保育者間の同僚性を発揮することは，人と人との関係性のモデルともなり，保育実践の場の質をも向上させる。このように，保育実践を通して保育者がキャリアアップしていくことは，子どもだけでなく，その場にかかわる多様な人々の成長・発達を伴い，保育実践の場の質を向上させていくことになるのである。

3　保育者の資質向上に関する組織的取り組み

（1）保育所保育指針に示される保育士の資質向上

　保育所保育指針においては，「第5章　職員の資質向上」として，「第1章から前章までに示された事項を踏まえ，保育所は，質の高い保育を展開するため，絶えず，一人一人の職員についての資質向上及び職員全体の専門性の向上を図るよう努めなければならない」と示されている。これは，保育所に求められる機能や役割が多様化している今日，保育や子育てにかかわる課題も複雑化している中で，保育所が組織として保育の質の向上に取り組むことの必要性と同時に，保育士が個人として専門性の向上に取り組むだけではなく，保育者のみならず保育所という組織に属する一人ひとりの職員が，主体的・協働的にその資

質・専門性を向上させていくことが求められているということである。

　また同指針では，「第1章　総則」「3　保育の計画及び評価」において，「保育士等の自己評価」として，次のように示している。

> （ア）保育士等は，保育の計画や保育の記録を通して，自らの保育実践を振り返り，自己評価することを通して，その専門性の向上や保育実践の改善に努めなければならない。
> （イ）保育士等による自己評価に当たっては，子どもの活動内容やその結果だけでなく，子どもの心の育ちや意欲，取り組む過程などにも十分配慮するよう留意すること。
> （ウ）保育士等は，自己評価における自らの保育実践の振り返りや職員相互の話し合い等を通じて，専門性の向上及び保育の質の向上のための課題を明確にするとともに，保育所全体の保育の内容に関する認識を深めること。

　「保育士」ではなく，「保育士等」との表現に含まれる，保育所に勤務する保育士および職員が，それぞれの専門性を高め資質向上を図るために，「自己評価に基づく課題」をとらえ，その上で「職員相互の話し合い等を通じて」専門性の向上および保育の質の向上に取り組んでいくことが求められているのである。

（2）資質向上のための組織的取り組み

　それぞれの保育所や幼稚園，認定こども園が資質向上に取り組むにあたっては，保育において特に中核的な役割を担っている保育者をはじめとして，全職員においての研修の機会を確保し，その充実を図ることが重要な課題となっている。そのために，一人ひとりの職員が，自らの職位や職務内容に応じて，組織の中でどのような役割や専門性が求められているかを理解するとともに，必要な力を身につけていくためのキャリアパスを明確にすることがまずは必要であり，それを見据えた体系的な研修計画を作成することが必要なのである。そして，職場内外の研修の機会の確保にあたっては，施設長など管理的立場にある者による組織的な対応が不可欠である。

　このような状況を背景に，2017（平成29）年4月には，保育現場におけるリーダー的職員等に対する研修内容や研修の実施方法について，「保育士等キャリアアップ研修ガイドライン」が定められた（平成29年4月1日付け　雇児保発0401第1号　厚生労働省雇用均等・児童家庭局保育課長通知）。これらをふまえて，施設長の役割および研修の実施体制を中心に，保育所において体系的・組織的に職員の資質・向上を図っていくための方向性や方法等が明確にされたのである。これを受け各保育所においては，園長が中心となりこのガイドラインに基

づく外部研修を活用していくことにより，組織としての取り組みと資質の向上が期待されている。

（3）資質向上の土台となる職場における同僚性

　組織において資質向上を図るためには，一人ひとりの職員が自己評価に基づき資質向上を図るだけではなく，組織として取り組むことが必要である。保育所指針第5章「3　職員の研修等」「（1）職場における研修」では，「職員が日々の保育実践を通じて，必要な知識及び技術の修得，維持及び向上を図るとともに，保育の課題等への共通理解や協働性を高め，保育所全体としての保育の質の向上を図っていくためには，日常的に職員同士が主体的に学び合う姿勢と環境が重要であり，職場内での研修の充実が図られなければならない」としている。「日常的に職員同士が主体的に学び合う姿勢と環境が重要」とあるが，この「主体的に学び合う姿勢」が同僚性である。同僚性とは教育用語の一つであり，「近年，教師の専門的力量形成には，同僚教師の援助や助言がきわめて大きな役割を果たすことが改めて注目される中で，学校内の教師同士の共同関係や援助の重要性を指す言葉として使われる。同僚性（collegiality）の概念は，教師の専門的な成長が，個人的な過程というよりも共同的な過程であることを示している。新任教師のメンターや校内研修の意義と重要性の根拠として使われる」と説明されている[6]。保育においては，保育者同士が互いに支え合い，高め合っていく協働的な関係とその過程であるといえよう。

　そのような同僚性を環境としてつくり出すことが保育所という組織に求められているが，保育実践の場は，絶えず子どもがいる状況であり，保育士等が互いにゆっくりと話し学び合う時間の確保は困難ともいえる。

　前節の図7－2に示した「保育者の専門性形成のプロセス」においては，経験年数に応じた「態度」として，職場におけるリーダーシップが獲得されていく過程が示されているが，同僚性を創出するためには一定の経験をふまえて専門性が形成された，いわゆる「中堅」保育士のリーダーシップによるところが大きい。

　今日，保育者の不足や早期離職等により，保育所・幼稚園・認定こども園という組織における保育者のキャリアバランスが新任期の職員に偏る傾向にある。そのため，同僚性を創出する役割を担う職員が不足しており，その結果として同僚性が機能しにくいという課題を抱える園も多いのである。

（4）同僚性を育む場としての「保育カンファレンス」

　第5章でもふれたが，「カンファレンス」とは，「会議・協議会」の意味であ

6）後藤壮史「学校現場における同僚性の構成概念についての検討—教員間の関係性に着目して—」奈良教育大学教職大学院研究紀要，学校教育実践研究，8，2016，pp.19-28.

り，主に医療や福祉の場で，治療や支援の方向性を話し合う場とされてきたが，最近は保育や幼児教育の場において，保育マネジメントを展開する工夫の一つとして，かつ職員の研修の場として「保育カンファレンス」の時間を持つ園も出てきている。

「保育カンファレンス」においては，実際に行われた保育実践について話し合いを行うことになるが，実践について，「良い」「悪い」といった評価を結論づけることに終始したのでは，同僚性を育みつつ資質向上を図る研修の場とはなり得ない。

例えば，「保育カンファレンス」として「子ども理解」に視点を定め，「保育場面で起こった事実」をそれぞれの保育者や職員がその場面での子どもの行動の意味をどのように理解したのかについて，「評価されない」ことをルールとして伝え合う。新任の保育者も，中堅の保育者も，保育者以外の職員も自身の理解を出し合う中で，自分とは違う視点があることに気づいたり，自身の考え方の傾向性に気づいたりする場となるかもしれない。また，「評価されない」カンファレンスの場を経験することにより，自身の保育における子どもへのかかわりを見直すことになるかもしれない。「保育カンファレンス」を通して，職員が互いの変化に気づき，その変化を認め合う関係が醸成されることが，組織の同僚性を育むことになるのである。

それぞれの組織において，リーダーシップを発揮することができる立場に違いはあるかもしれないが，その人を中心に組織に応じた「保育カンファレンス」の形を工夫し取り組むことは同僚性を育み，組織の資質向上につながると考えられる。

（5）組織の資質向上と外部研修の活用

保育所保育指針第5章「3　職員の研修等」の「（2）外部研修の活用」では，「各保育所における保育の課題への的確な対応や，保育士等の専門性の向上を図るためには，職場内での研修に加え，関係機関等による研修の活用が有効であることから，必要に応じて，こうした外部研修への参加機会が確保されるよう努めなければならない」とされている。また，「4　研修の実施体制等」の「（1）体系的な研修計画の作成」においては，「保育所においては，当該保育所における保育の課題や各職員のキャリアパス等も見据えて，初任者から管理職員までの職位や職務内容等を踏まえた体系的な研修計画を作成しなければならない」とある。さらに，続く「（2）組織内での研修成果の活用」として，「研修で得た知識及び技能を他の職員と共有することにより，保育所全体としての保育実践の質及び専門性の向上につなげていくことが求められる」とされ

ている。

　園組織としての課題をふまえ，職員のキャリアに応じた研修を計画するにあたっては，外部の研修も活用しながら研修計画を作成するとともに，研修で得た知識および技能は，園の職員で共有し，組織の資質向上を図らなければならないということである。

（6）外部研修—保育士等キャリアアップ研修—

　保育士の外部研修に関しては，先述したように，2017（平成29）年4月，「保育士等キャリアアップ研修ガイドライン」が定められた。

　このキャリアアップ研修の内容は，①乳児保育，②幼児保育，③障害児保育，④食育・アレルギー，⑤保健衛生・安全対策，⑥保護者支援・子育て支援，⑦保育実践，⑧マネジメント，であり，それぞれの分野別に研修が体系化されている。保育士は，経験年数により，指定された研修もしくは担当する分野の研修を受講する。研修を受講することにより，保育士は園の中で職務分野別のリーダーや副主任保育士，専門リーダーとなりキャリアアップが図られる仕組みとなっている。

　幼稚園教諭の研修については，地方公共団体や幼稚園関係団体，大学等が実施する研修等をキャリアアップ研修として活用することとされており，研修内容の分野の例としては，①教育・保育理論，②保育実践，③特別支援教育，④食育・アレルギー，⑤保健衛生・安全対策，⑥保護者支援・子育て支援，⑦小学校との接続，⑧マネジメント，⑨制度や政策，などとなっている。

　幼稚園教諭も保育士と同様，経験年数により指定された研修もしくは担当する分野の研修を受講することにより，園の中で若手リーダー・中核リーダー・専門リーダーとなる。

　また，幼稚園教諭においては教員免許更新制による免許状更新講習の受講が義務づけられており，受講すると10年の有効期間が定められ，期間が満了する前にまた講習を受講して更新手続きを行う必要がある。

　これらキャリアアップの仕組みができたことは，保育者の専門職としての資質向上が期待されるとともに，子育てを支援するという社会的役割を期待される園組織全体としての資質向上も図られるものである。

コラム⑧　他人から批判されたときの対処法

　地域社会のかかわりの希薄化や家庭環境の変化により，子どもが育つ過程において近所の大人から注意をされたり，家族から叱られたりといった批判を受ける経験が少なくなっている。その結果，他人からの批判は思った以上のストレスとなる。

　保育者として仕事をする中で，園長や主任，先輩保育者から指導や指摘を受けること当然である。それは，子どもが日々生活や遊びに取り組む中で失敗の経験を繰り返しながら成長するのと同様，保育者が保育に取り組みながら経験を重ね，専門性を育み成長する仕事だからである。批判ではなく指導と受け止め，「成長の機会」と状況理解を切り替えることにより，必要以上に重く受け止め過ぎて自信をなくす事態を避けることができる。

　また保育者は，クレームという形で保護者から批判を受けることがある。クレームは，多様な価値観を持つ人がかかわり合う場においては当然に起こることである。仕事と家事，子育てと心身ともに余裕もなく辛い生活の中で，「イライラが保育者に向いてしまうこともある」と保護者の気持ちを受け止め，日常の保育場面での子どもの興味深い行動や成長の場面を伝えながら面白さや喜びを共有することで，保護者の安心と信頼を得る機会だと考えたい。

　「完璧はない」「ただいま練習中！」と考え方を変えてみよう。

● 演習課題

課題1：保育者の専門性について「技術・知識面」「人格・内面的要素」に分
　　　　　類し，自己分析してみよう。

課題2：あなたの住む地域における保育士や幼稚園教諭の研修について調べ，
　　　　　保育者の専門性と関連づけてみよう。

第 8 章　これからの保育者像

本章では，保育のプロフェッショナルの条件として，「保育とは何か」という本質を問い続ける姿勢，保育・教育を職業とする者としての自覚，専門的知識・技能を高めることを掲げる。そして，保育者を目指す皆さんが，自分なりの保育者像を描き，それに向かって研鑽してほしい。

1　プロフェッショナルを目指すために

（1）プロとしての仕事とは何か

　これからの保育者像を語る上で，まず永遠の命題である「保育とは何か」という本質を探究すると同時に，保育者の役割を通して，子どもにとって望ましい保育のあり方について，いつでもどこでも自問自答することを忘れてはならない。ここでは，日本の保育学研究の第一人者である心理学者の守屋光雄博士について紹介し，「保育とは何か」という本質を探究することにより保育者の役割を問い直し，子どもにとって望ましい保育のあり方を見直すことにする。

　守屋光雄は，長年の保育に関する研究成果を蓄積し構築してきた独自の理論を実践するため大学を辞し，1969（昭和44）年，日本最初の幼保一元施設「北須磨保育センター」を神戸市に夫婦で設立し，"遊びの保育"の重要性を説き，"保育一元化"を提唱した。

　このセンターは，一つの園舎で図面上は幼稚園と保育所に分け，それぞれが設置基準を満たす形にして認可を受けており，「短時間部」の短時間保育（幼稚園）児と「長時間部」の長時間保育（保育所）児が，保育時間の長短の違いだけで，年齢別の同じクラスで遊ぶことにより，「施設や人員など幼保間でみられる格差を解消した保育」を理念として掲げ，理論の実践化・実践の理論化の両立を目指してきた歴史があり，今日の認定こども園の先駆けとなっている。

　以上のことから保育の本質や理念を基に，「保育とは，乳児期（胎児期も含む）からの全面的な発育・発達を保障する教育」と定義づけることができ，保育者とは，教育者の立場を忘れず，保護者と養育者の役割を果たせる立場を兼ね備えていることが望まれる。ここでの保護者とは，日本の法律上では，特定の個人に対して，個別の法律[*1]に基づいて保護を行う義務がある者を指し，一般には，親権を行う者（親権者：父母・養親）および後見人（成年後見人・未成年後見人）とされ，子どもにとっては親の役割を果たしている。また，養育者とは，子どもを引き取って，保護して養育する者を指し，養育とは，子守りや育児のように，乳幼児を世話し養い育てる保育的な個人的養護レベルから，社会福祉的な社会的養護レベルまで幅広く，「社会全体で子どもを育む」ことを理念として，保護者のない児童や保護者に監護させることが適当でない児童を公的責任で社会的に養育し，保護するとともに，養育に大きな困難を抱える家庭への支援を行う社会的養護が位置づけられる。

　それでは，保育者として保育の仕事に携わるということはどういうことなのであろうか。それは，保育という特定の分野で，無報酬や趣味でするアマチュア（amateur：通常はアマと呼ぶ）とは異なり，主たる収入を得るために，保育者となって従事することであり，プロフェッショナル（professional：通常はプロと呼ぶ）として，専門的な高い能力と優れた技能・技術に対しての報酬（賃金）が支払われることにより生計を立てる生業（なりわい・すぎわい）の仕事を持つ職業人になるということである。

　このように，より専門的で質の高い仕事をする人をスペシャリスト（特定分野の専門家：specialist）・エキスパート（熟練家：expert）などと呼び，社会的職業として高い地位を確立するため，日々研鑽しながら自らの専門性を高めるために努力することが，真のプロとしての与えられた天分を全うし，子どもたちのための仕事として奉職することにつながる。

（2）プロの保育者の必要最低条件

　保護者や養育者になるために，子育ての資格や免許はないが，プロの保育者がスペシャリストとなりエキスパートを目指すには，保育に携わる労働者として保育現場で働くための所定の資格・免許を取得することが必要となる（第2章に詳述）。

　文部科学省の所管である幼稚園は，小学校・中学校・高等学校と同様に，教員免許状（学校教育法：都道府県教育委員会授与）があり，所要資格（①学位と教職課程等での単位修得，または教員資格認定試験（幼稚園，小学校，特別支援学校自立活動のみ実施）の合格）を得るか，②都道府県教育委員会が行う教育職員検定（人物・学力・実務・身体面）を経る必要がある。

*1　民法，児童福祉法，少年法，学校教育法など。

　これらの種類は，教諭・養護教諭・栄養教諭では，普通免許状として，大学院レベルの専修・大学レベルの一種・短期大学レベルの二種に分かれている。

　その他にも，都道府県や政令市によって違うが，社会的責任を有する特別教諭（特別免許状），教育委員会の検定を経る臨時教諭（臨時免許状）として，本来の普通教諭とは別に分類され，幼稚園で働くには，3種類のうちどれかの免許取得が必須となっている。

　厚生労働省の所管である保育所において保育を行う者（保育士：Childcare Worker）は，日本の保育士資格（児童福祉法：国家資格）の取得が必須である。保育士資格を取得するには，厚生労働大臣の指定する保育士を養成する学校等の指定保育士養成施設（大学院・大学・短期大学・高等専門学校・専門学校等）を児童福祉法第18条の6に基づき，指定科目と保育実習（保育所・他の児童福祉施設）の単位を取り卒業するか，保育士試験（受験資格：1991（平成3）年以降は短大卒業程度以上）に合格する道がある。保育士については，1991（平成3）年までは高等学校卒業であっても保育士（保母）試験を受けることができ，保育科をもつ高等学校は，都道府県実施の試験を受け，指定単位（3年間有効）を修得すれば，保育士になることが可能であった。また，指定保育士養成施設では，同じ学校で卒業しなければ資格を認めなかったが，現在は，卒業後であっても他の学校になったとしても，今まで取得してきた単位が認められる。

　したがって，今日では，保育士資格・幼稚園教諭等を取得するには，ほとんどが専門学校・短期大学・4年制大学等を卒業するので，20〜22歳を過ぎてから幼稚園や保育所等で働き始める。

　幼稚園教諭として働く場合，国公立の幼稚園に勤めると教育公務員となるため，全体の奉仕者として公共の利益のために勤務し，専念しなければならない服務規定があり，教育を通じて国民全体に奉仕するという特殊な性格を有する。他方の保育士の場合は，公立保育所に勤める場合，一般の公務員として扱われるが，福祉を専門とする職員とみなされる。公立においても身分の安定と給与面等の処遇面は，地方自治体によって違う。

　また，私立の幼稚園，保育所，幼保連携型認定こども園等の場合も労働条件は統一されていない。

　子どもを預ける施設は多種多様であり，保育所は公立と私立保育所，私立の認可保育所*2，小規模事業はA型・B型・C型に分かれ*3，以前は，社会福祉法人立に移行する国の方針となり，幼稚園も学校法人が運営するように指導があった。

　しかし，一部の個人立・宗教法人立等の，変更できなかった保育所・幼稚園があり，問題になったことがある。その後，社会福祉法人だけでなく，学校法人・株式会社・NPO法人・個人等の参入についても緩和された。

*2　東京都・横浜市等は認証保育所・A型（駅型基本型）・B型（小規模）・家庭的保育所。

*3　一般的にいう保育所分園やミニ保育所（認可保育園）で，0〜2歳の児童を対象。A型は6〜19人の定員で，保育者は全員保育士の有資格者。B型は保育者の半数以上が保育士の有資格者。C型は6〜10人の定員で，研修を受けた家庭的保育者の勤務が可能。

今日，保育所・幼稚園のほか，第3の施設としてではないが新たに認定こども園が認められ，待機児童対策を受け，従来の認可外保育所，地域型保育事業，ベビーホテル（ベビーシッター）・夜間保育などさまざまな形で，現代の保護者の働き方に合わせた保育ニーズに対応している。保育所に入所できない3歳児未満の子ども（人数は3名まで）を預かってくれる家庭的保育事業（保育ママ：3〜5名）や家庭福祉員等も法定の制度となっている。

また，保育士が働ける児童福祉施設とは，子どものための保育，保護，養護を行う施設であり，保育所や幼保連携型認定こども園以外に，助産施設，乳児院，母子生活支援施設，児童厚生施設，児童養護施設，障害児入所施設，児童発達支援センター，児童心理治療施設，児童自立支援施設，児童家庭支援センターといった多種多様な施設がある。

なお，ここでの幼保連携型認定こども園においては，幼稚園教諭と保育士のそれぞれを資質や能力を持つことが望ましいことから，両方の資格・免許を取得している者を保育教諭と位置づけている。

どちらかの一つだけの資格・免許しかない場合でも，保育士試験を受験したり，通信課程を持つ大学等に籍を置いて働きながら保育士資格や幼稚園・小学校等の教員免許を取得したりすることができる。

（3）さらなるプロを目指して

保育者は，保育が乳幼児期からの全面的な発育・発達（成育：成長段階）を保障する教育であることから，教育的な視点だけでなく，保護と養育による福祉的な視点を兼ね備える必要があることを理解しなければならない。従来の保育所や幼稚園のように，保育と教育とを切り離して対立概念とすることや保育を小学校での教育の前段階として分けてとらえてはならないということである。

つまり，保育は教育の一環としての表裏一体の関係性を保ちながら，乳幼児期からの保護と養育による福祉的および教育的な両面の性格を有していることを前提にする必要がある。これからの子ども・子育て支援システムの方向性は，基本的人権の中でも生活権を保障することにあり，"保育一元化"への道は，①子どもの発達権・遊び権の保障，②保護者の育児権・労働権の保障，③保育者の研修権・労働権の保障を成立することが重要になる。

しかし，労働雇用形態，公立・私立，規模の大小を問わず，幼稚園・保育所・認定こども園の制度や施設の違いがあっても，保育者が社会で必要不可欠なエッセンシャルワーカー（essential worker），言い換えれば，キーワーカー（key worker）またはクリティカルワーカー（critical worker）であることを忘れてはならない。

　乳幼児に対して食行動*4，睡眠*5，排泄*6，清潔*7，衣服の着脱衣，日光浴，戸外での自然遊びや活動的遊びによる運動の奨励，挨拶，言葉などの基本的生活習慣，社会生活に必要な基礎知識を習得させることは，保育の仕事にとっての大切な基本であり，保育者としての最低条件である。加えて保育者には，家庭での子育てを支援できるアドバイザーとなり，家庭・園・地域社会の三位一体の保育環境を充実させることが求められる。したがって，より高次のスペシャリストやエキスパートを目指し，真のプロフェッショナルになるためには，「子どもの最善の利益のために」子どもを育てると同時に，子どもと共に，自分自身も共に育つ「共育」の姿勢を怠らず，日々感謝を忘れないで努力し，保育を通して社会に貢献しなければならないであろう。

*4　授乳・3度の食事・おやつ・間食等。

*5　寝かしつけ，起床・就寝等。

*6　おむつ替え・トイレトレーニング等。

*7　顔洗い・うがい・手洗い等。

2　社会の実態と変化に常に新しい関心を持つために

（1）職業人としての自覚

　養成校で学ぶ皆さんが保育者になりたい理由としては，「子どもがかわいい」「子どもが好き」等が大半であろう。しかし，本当にその気持ちだけでできる職業なのだろうか。保育者にとって「子どもが好きで愛情が注ぐこと」や「知識・能力が高く，技能・技術に優れていること」は必要条件であるが，十分条件を満たすためには，保育に対する哲学をもっているかどうかが問われる。

　また，保育の類似語の「愛育」には，かわいがって大事に育てることの意味があり，乳幼児を育てる「育児」，子どもを大切に育てる「子育て」など，保育者には，こうしたニュアンスも含んで望ましい保育のあり方を追求していく姿勢が求められる。そのため，保育者は，教育者そのものであり，時には保護者として，時には養育者としての資質と能力も身につけておくことが望まれる。

　さて，保育者は，歴史的および社会的視点に立って，世界の保育の動向や子どもの健康・環境問題を多角的・多面的・総合的に検討していくことが大切である。21世紀に入り，世界各国や各地域の政治・経済は大きく揺れ動き，景気の浮き沈みを繰り返しながら，地球温暖化・環境破壊が進行し，貧困による経済格差問題は広範に拡大しており，国際的に共通する現代的重要解決課題として緊急を要し，日本の将来の方向性にも影響を及ぼすことは避けて通ることができない状況である。

　このことは，わが国が国際化・高齢（少子少産）化・過密情報化・教育過熱化の4K（頭文字の4つのK）化社会に突入し，それぞれのKが相互作用しながら連鎖することが予想され，近未来における重要な関心テーマになっている。

　日本の歴史を振り返ると，江戸時代を経て明治維新の文明開化による第1の大波，大正時代を経て昭和時代に入り，第2次世界大戦の敗戦による第2の大波，平成時代を経て令和時代に入り，最近のコロナ禍の世界的パンデミックによる第3の大波が強襲した。その間，度重なる自然大災害が起こり，不況により貧困家庭を生み，人の生き方や価値観を根底から覆す大きな曲がり角の岐路に立たされているといっても過言ではない。保育界にとっても，それら生き方，価値観の転換は現代保育の最重要課題であり，"子どもの元氣は地球の力"と"子どもの咲顔は未来のバロメータ"であることを忘れないでほしい。

＊8　グローバルとローカルの合成語。

　したがって，保育者は，子どもを教育の第一義であることを自覚して，国際化によるグローバルな視点と身近な社会によるローカルな視点の両方の視点を併せもったグローカル＊8な視野から「子どもと地球の未来の健康と幸せ」を見守れる職業であることに誇りを持ち，子どもの最高の理解者・最強の代弁者としての立場であることを願っている。

（2）地域人の保育者として

　たとえ新米であっても母親には，どんなにすばらしい保育者でも決して敵わないことがある。それは，子どもにとっては保育者より母親のほうが上の立場であり，絶対的な存在だと昔からいわれてきたことである。

　しかしながら，家庭内での育児やしつけのとらえ方もさまざまであり，育児放棄や児童虐待等の問題は避けては通ることができなくなってきた。子育ては家庭だけの責任ではなく，地域社会全体で支えていくことが望まれ，保育者にも，登降園時の保護者との挨拶や対話により，悩みや家庭での様子を聞くことや保育活動を通して，子どもから発せられるSOSの信号をキャッチすることが求められている。

　2016（平成28）年における児童福祉法の改正では，国際人権条約である「児童の権利に関する条約（子どもの権利条約）」の子どもの基本的人権を守る視点から幼児期からの家庭・地域社会の重要性をあげ，施設から家庭（養子縁組・里親を含む）養護へと社会的養護は大転換した。

　以前の保育所は，保護者が①昼間労働することを常態としていること（就労），②妊娠中であるかまたは出産後間がないこと（妊娠，出産），③疾病にかかり，もしくは負傷し，または精神もしくは身体に障害を有していること（保護者の疾病，障害），④同居の親族を常時介護していること（同居親族の介護），⑤震災，風水害，火災その他の災害の復旧にあたっていること（災害復旧）などの入所条件があり，「保育に欠ける」乳幼児しか受け入れていなかったことから，福祉中心の立場から始まったといえる。

　時代が移り変わり，「子ども・子育て支援法」（2012（平成24）年）等が成立
し，保育所の入所要件も保護者の申請を受けた市町村が客観的基準に基づき認
定する「保育を必要とする子ども」に変更し，「子どもの最善の利益のために」
を理念として，「より子どもを生み，育てやすくする」社会になることを目指
し，2015（平成27）年4月から「子ども・子育て支援新制度」が施行された。

　そこでは，認定こども園・幼稚園・保育所を通じた共通の給付と小規模保育
等への給付の創設，認定こども園制度の改善，地域の実情に応じた子ども・子
育て支援の充実等が実施され，保育の受け入れは社会のニーズに合わせ，柔軟
に対応するようになった。

　以上のように，保育士資格を取得すると多種多様な保育施設での就労が可能
となる。広義に解釈すると，保育が乳幼児だけを対象とするのではなく，小学
校以降では学童保育と呼び，高齢者や病人に対しても養育の呼称を使う場合も
あり，医療・介護福祉分野への就労の道が開かれてきた。

（3）自ら成長するために

　教育（education）は，教え育てることであり，人格形成と文化財の伝承の2
大目的がある。心身の発育・発達に働きかけ，知識・経験・技能等の潜在的能
力を引き出すことにより，人間として望ましい状態にすることである。

　教育は，学校教育の狭義なものから，家族と過ごす家庭教育や地域社会にお
ける社会教育，さらに，個人の成長とともに集団とかかわりながら「生き甲斐
のある生活力」を目指し，真・善・美・幸福・健康等の実現に向け，持続的な
社会生活を送るライフスタイルとしての生涯教育の広義なものまで分類され
る。

　保育は，子どもの教育制度から見ると，児童を18歳までとした場合，乳幼児
期の6年間が前期，小学生である学童期の6年間が中期，中・高生時代が後期
というように，6年ごとの3区分に分けることができる。その他細かい区分で
いえば，胎児期は一般に母親の胎内で受精後十月十日（とつきとおか）とされ，出産を迎える。
乳児期は満1歳未満*9までとし，幼児期は1歳以上〜3歳未満まで（3歳未満
児：幼児前期）と，3歳以上〜5歳（3歳以上児：幼児後期）とし，就学始期に
達する年齢は6歳になる幼児もいる。産科と小児科が共同医療にかかわる周産
期医療があり，生後4週間（21日）を新生児期と位置づけている。保育所に預
けられる年齢は，労働基準法によって母親に産後休業8週間の取得が義務づけ
られているので，生後57日（2か月）からの乳児が可能である。

　日本の古くからの年齢の呼称には，1歳を一つと呼び，9歳の九つまで数字
の後に「つ」が付いていることが興味深い点である。このことは，心理学でい

*9　ゼロ歳児。現在
の日本の場合は満年齢
であるが，国によって
は数え年で数える。

う「9歳の壁」や自律神経の発達が完成するのが10歳頃であることと通じる。この時期を幼年期と位置づけ，全面的な発育・発達の連続性を保障する教育の対象年齢範囲と考えることが望ましいであろう。

したがって，保育所・幼稚園・認定こども園等と働く場所が違っていても対象となる子どもは同じである。したがって，保育所保育指針・幼稚園教育要領だけでなく，幼保連携型認定こども園教育・保育要領も含め，乳幼児期の連続的成長段階を把握し，お互いの仕事を理解するため，熟読し比較することが大切であり，卒園後の就学教育である小学校学習指導要領との連続性による保幼小一貫教育カリキュラムの保育（指導）内容や保育（指導）方法を確立するため，いろいろな分野の専門的知識を高めて自らも成長をしていくことにより，子どもに関係するすべての人々の成長・発達を保障することが望まれる。

子どもを教育していくために必要な職業イメージ「教育者にとっての5者の心得*10」として，学者・医者・易者・役者・芸者の5つの者を以下にあげる。今後の保育者・教育者養成の心得として，それらの職業が持っているイメージからくる特色を教育に応用してほしいと望んでいる。

*10　教師五者論ともいう。教員養成の場で長く伝えられている。

①　学者は，専門的な知識を持ち，保育研究ができ理論と実践を探求する。
②　医者は，病気を診断・治療し，子どもにとっての悪いところを直せる。
③　易者は，未来の人生や将来の出来事を占い，子どもに夢を持たせる。
④　役者は，どんな役も完璧にこなし，場に応じて役を演じその気にさせる。
⑤　芸者は，多種多彩な芸を身につけ，サービス精神が旺盛で場を和ませる。

これら5つの職業のイメージは，教育者・保育者にとって大切な資質であり，子どもやその家族と接するときの指針としてほしい。

3　将来に向けての自己研鑽

（1）専門的知識・技能の獲得

保育者にとって，保育・指導するために必要なものは，知識・技能・経験であり，とりわけ保育に関する幅広い専門的知識の深さ，高いレベルの見識が必要となる。そのために，保育の専門家として知っておくべき重要なキーワードとして，「子ども」「保育」「発達」「健康」「環境」「生活」「遊び」がある。

専門的知識・技能をもとに，子どもにかかわる仕事を通して自己実現を目指し，社会に貢献することは，もちろん大切である。忘れてはならないのは，保育を教育の対立概念としてとらえず，専門的知識・技能が子どもの発達にとって望ましい支援につながるものであってほしいということである。

1）子　ど　も

　保育の対象となる子どもを表す語句には，さまざまな呼び方がある。主な対象は幼児であるが，精子が卵（または卵細胞）の中に入り込み，細胞分裂によって成長可能な状態になることを受精といい，母親のおなかの中（母胎内）にいる間は「胎児」（妊娠約8週間以降）である。妊婦が出産した直後の「乳児」には，赤子・乳飲み子・赤ん坊・赤ちゃん・新生児（生後28日まで）等の呼び方があり，満1歳を過ぎると，幼子・愛児・園児などの呼び方がある。つまり，時期によって呼び方が変わるだけでなく，同じ時期でも異なる呼び方がある。そして，それらを総称して「子ども」と呼ぶ。

2）保　　育

　「保育とは，乳幼児期（胎児期も含む）からの全面的な発育・発達を保障する教育」と定義することにより，保護と養育・教育をもって保育とする。「哺育」などの用語とどう違うのかを今一度，考えてほしい。

　これからは，保育と教育，保育と幼児教育をどう使い分けるかが重要になってくる。望ましい保育者像を求めため，子どもの保育をする者として，保障する教育のあり方を再検討しなければならない。

3）発　　達

　成長・発育・発達・生育・成育など，学問分野によって使用する語句や意味も異なる。保育における全面的な発育・発達とは，身体的・精神的（情緒的・知的）・社会的な要素のことを指し，乳幼児期は，連続的なスペクトルとして，3つの要素が相互的に絡み合いながら成長している。

4）健　　康

　「健康とは，身体的・精神的・社会的に，完全に良好な（良い：安寧な）状態であることをいい，単に病気（疾病）や虚弱でないことをいうわけではない」
"Health is a state of complete physical, mental and social well-being and not merely the absence of disease or infirmity."とは，WHO（世界保健機関）の世界保健憲章の定義である。ここでも，身体的・精神的・社会的な3つの要素があり，調和的健康と呼び，総合的体力づくりも，身体的・精神的（情緒的・知的）・社会的な要素から成り立ち，保育の全面的な発育・発達との関連があり，乳幼児期の成長は，3つの要素から見た発達課題に基づく健康・体力づくりが根底になければならないことが理解できるであろう。

5）環　　境

　「幼児期からの環境を通した教育」が重要である。ここでいう環境とは，自然や社会の物的（物理的）環境だけではなく，そこにかかわるすべての人的（人為的）環境により，子どもに働きかけることが可能となる。

ここでは，宇宙や地球規模の自然環境問題から園児を取り巻く身の回りの身近な社会環境まで幅が広いが，人間が自然の中の一員であることから生態幼児教育学の観点が必要となる。それらの発達要因には，遺伝（成熟）的な生得重視（ゲゼル[11]）なのか環境（学習）的な経験重視（ワトソン[12]）なのか，輻輳説（シュテルン[13]）・相互作用説（環境閾値説）（ジェンセン[14]）など，いろいろな説があるので，先駆者から学んでほしい。

6）生　　活

人類の進化の過程は，サル→猿人→原人→旧人→新人→現代人という流れをたどる。また，子どもの世界と霊長類との比較は，人類学や考古学等が解明し，受精し細胞分裂により，母胎内の胎児は，魚類→両生類→爬虫類→哺乳類を経て人としての誕生への道筋がみられ，「個体発生は系統発生を繰り返す」ともいわれる。誕生後の赤ちゃんの寝位（臥位：仰臥位・背臥位）→寝返り→俯せ（うつぶせ：伏臥位：腹臥位）→座位（お座り）→匍匐動作（ずり這い）→4足歩行（四つん這い・6点ハイハイ：犬歩き）→高這い（4点ハイハイ：熊歩き）→立位（つかまり立ち）→2足歩行という流れは，人類の直立2足歩行の獲得過程にも同様の解釈がみられる。このように行動範囲の拡大により，外界での五感（視覚・聴覚・嗅覚・触覚・味覚）を育む保育が成立し，特に，乳幼児期の成長段階は，生活構造的にとらえ，基本的生活習慣の形成にとっての躾は，生活のリズムだけでなく，心身両面から見た生体のリズムとの関係が重要である。

7）遊　　び

子どもは新生児期の母子相互作用，家庭での父母との親子関係や家族関係を通して，初期の人間関係を形成する。また，遊びは「物事に集中し，没頭している活動そのもの」と定義づけられ，その遊びを通して集団保育における友達との仲間関係を通して集団化が高まり，さらに，地域社会へと拡大していき，社会性に影響を及ぼし，人間関係を身につけていく。

これをふまえ，一つは，乳幼児期の保育活動を通して，より望ましい保育内容と方法のあり方を具現化することが求められ，保育者は保育指導における技能を習得するために，日々研鑽しなければならない。

もう一つは，幼児期は遊びを通した総合的な活動であり，保育内容の「健康」「人間関係」「環境」「言葉」「表現」の5領域を融合し，幼児音楽（歌唱・楽器等）遊び・幼児図工（造形・絵画製作等）遊び・幼児体育（ムーブメント・スポーツ等）遊び・幼児表現（劇・ダンス）遊び・幼児言葉（日本語・外国語等）遊び・絵本読み聞かせ（読み伝え・お話等）・自然体験（栽培・飼育等）遊び・プログラミング的思考の遊びなどが指導できる技能を獲得することにより，自らの保育力を高めなければならない。

*11　ゲゼル（Gesell. A. L. 1880–1961）
アメリカの心理学者。生まれながらの遺伝的事象が学習の要件であるとして成熟優位説を提唱。

*12　ワトソン（Watson. J. B. 1878–1958）
アメリカの心理学者。行動主義の立場から，学習優位説を提唱。

*13　シュテルン（Stern. W. 1871–1938）
ドイツの心理学者。発達の要因として，遺伝・環境説が輻輳的に（重なり合って）関係する「輻輳説」を提唱。

*14　ジェンセン（Jensen. A. R. 1923–2012）
アメリカの心理学者。遺伝要素と環境要素が互いに影響し合い発達していく相互作用説のうち，その代表的な学説となる環境閾値説を提唱。

（2）専門的知識・技能を「知恵」へ

　専門的な知識・技能・経験を生かすことにより，保育現場の園舎や園庭など
に，園児とその家族が憩える環境を整備し，虫・魚・鳥・小動物等と戯れる機
会を設け，草花・樹木・果物等の四季の移り変わりを楽しめる。

　また，室内の環境構成を園児の作品で飾ることで他の園児の想像力・創造力
を育むことにつながり，新しい「知識」だけではなく，「明日をよりよく生き
るために，今何をしたらよいのか」という「知恵」を遊びながら育んでいくこ
とを期待する。

（3）専門的知識・技能を高めるフィードバックシステム

　現代社会では，生き甲斐のある生活力を目指した QOL 向上の基盤となる情
報通信（伝達）技術（ICT*15）の環境整備が求められ，乳幼児期から高齢期に
至る生涯学習のあり方が重要課題の一つである。保育・教育・福祉・医療現場
では，少子高齢社会に対応していくために，ICT 化・AI*16化・IoT*17化を見据
えた次世代育成の充実が急務となる。

　そのためには，家庭・園・地域社会の三位一体となる共同体を目指し，保護
者は，家族生活を通して生き甲斐のある生活力を育て，保育者は，園での集団
保育による遊びを通した総合的な活動の指導により，「子どもとともに，子ど
もによる，子どものための融和できる世界」を共有する喜びを分かち合い，地
域社会は，子どもを取り巻く環境を整備し，子どもの健全な発達保障の確立す
るため，ICT 化を活用した子育て支援の体制を充実させなければならない。

　現在，小学校では2020（令和2）年度から各教科における「プログラミング
的思考」を重視し，プログラミング的教育が導入され，保育現場においても，
幼児期からの「プログラミング的思考」を育むことは不可欠となり，どのよう
な形で導入するのか，保幼小連携による一貫した指導法のあり方を確立してい
くことが求められている。

　しかしながら，IT 先進国の欧米豪をはじめ，アジアのシンガポール・香港・
台湾等では，就学前教育からも盛んに実践し，その成果がみられ，日本の教育
界におけるプログラム学習指導の導入が遅れていることは明確である。

　国際的に ICT 化が進展する世の中だからこそ，歴史的・社会的視点を持っ
て幼児教育から教育全体を改革していくことが必要とされる。幼児期からの「プ
ログラミング的思考」を育む保育の本質は，ルソーが唱える「自然に帰れ」の
真意を探求することであり，保育現場においても ICT 化に対応しながら元来
の生態幼児教育学の原点に戻ることが先決すべき重要な課題となる。

*15　ICT
　information and communication technology の略。情報通信技術。または情報通信技術を使ってさまざまな人やモノをつなげていくこと。

*16　AI
　artificial intelligence の略。人工知能。

*17　IoT
　internet of things の略。モノのインターネット。家電などの「モノ」が人を介さずにインターネットを経由して通信すること。

特に，保育者にとっては，幼児期からコンピュータ教育を園児に教え込むのではなく，身近な生活環境の中で遊びながら「プログラミング的思考」の芽生えを育むことが大切なのである。

しかしながら，保育者自身にとっては，インターネットを利用することが必須となり，氾濫する多大な情報を吟味し，保育のために，有効かつ最も適した保育情報を収集（collection）・整理（disposition）・分類（classification）し，保存（save）・検討（consider）したものを，子どものために，保育現場で，保育活動を通して，活用（used）しなければならない時代に突入している。そのためには，日常の保育の中で，保育者としてだけでなく自らも研究者となって実践（practice）・実証（demonstrated）研究を積み重ね，自分自身の保育を絶えず振り返りながら検証（validation）していくことが望まれる。

このことは，Plan（計画）→Do（実行）→Check（評価）→Act（改善）の4段階を繰り返す，生産技術における品質管理などの継続的改善手法 PDCA サイクルといわれ，保育者にとっても保育現場に ICT 化を導入し，IoT 化を推進できれば，AI の進化によって，専門的知識・技能を高めることが容易となり，重要なフィードバックシステムとなる。

コラム⑨　どうすれば辛抱強くなれるか

人間の「忍耐力」は，ほぼ子どもの頃の経験や環境で左右されることが多い。例えば，「がまんする」経験，逆に「甘やかされた」経験等の違いが，その後の「忍耐力」の差になる。

忍耐力のない人が困難なことに挑戦しても，なかなかうまくいかない。なぜなら，今の頑張りや忍耐を，あとどのくらい続けていく必要があるかの全体像が見えないからである。

例えば，マラソンの42.195km を走ることを考えると，今，走っている地点が，給水所や km 地点の表示等で理解できる，つまり，今，自分がどこの行程を走っているのかを知ることができるからこそ完走可能になる。

マラソンに限らず，社会のあらゆる場面において，辛抱強く何かをやり遂げていくためには，直面した課題からその全体像を把握して，その課題解決のために，今，自分はどれくらいのポジションにいるかを理解することが大切である。

● 演習課題

課題1：あなたの理想とする「望ましい保育者像」についてまとめてみよう。

課題2：世界の保育界を築いてきた西洋と東洋の先駆者（哲学者・思想家・教育家・福祉家など）をあげ，比較してみよう。

第9章 保育の場における ケーススタディー

保育者として保育現場に入ると，1年目の保育者でも10年目の保育者でも，子どもや保護者にとっては，先生である。また，日々保育者は経験年数や立場に関係なく，子どもや保護者とかかわり，クラスの運営や園の行事などに追われている。本章では，保育者が保育現場で悩むさまざまな形のケースを通して，実際に経験する場面を想定し考察することで，実践力や対応力を養うことを目的に学習する。

保育者は保育現場に入った瞬間から，子どもや保護者への対応に迫られる。また，クラス運営においては，複数担任の場合はクラス内での保育者同士の連携が必要になるし，一人担任の場合でも他のクラス担任との連携が必要になってくる。その他にも，園の行事や地域での行事などにおいても，他の保育者との連携はもちろん，保護者や地域の人々とのつながりが必要になってくる。

本章は，多くの新人保育者が実際に経験し，時には悩むこともあるさまざまな問題に対して，ケーススタディーを通して実践力や対応力のスキルを養えるように構成している。保育者が主にかかわるのは，子ども，保護者，保育者同士，主任保育者や園長先生などである。保育者がかかわる人々との関係に焦点を当てながら，問題点や対応の方法などについて考察し，自身の実践力や対応力のスキルを養うことにつなげてほしい。

ケーススタディーとして取り上げるのは，大きく分けると「園での仕事，園行事」「子どもとのかかわり」「保護者とのかかわり」「職員同士のかかわり」の4つの類型で，全部で15のケースからなる。それぞれのケースは，「ケースの概要」「問題のヒント」「対応のヒント」「考えてみよう」の4項目で構成されている。これらのケースを一人でじっくり考察するのもよいが，できれば数名でそれぞれ意見を出し合いながら，視点の違いも含め考察してほしい。

【園での仕事，園行事】

ケース①　初めての職員会議

新任保育者Ａは，初めて職員会議に参加することになった。しかし，実際に職員会議に参加してみると，なかなか話についていけていない。新任保育者Ａは，会議の内容をメモしながら必死に内容を理解しようと努め，職員会議終了後にも会議内容のメモを見ながら振り返った。結果としては，会議内容に疑問や不明点があったにもかかわらず，会議中に確認することができなかった。

問題点のヒント

初めて職員会議に参加する新任保育者にとっては，会議でどのような内容が話し合われるのか不安かもしれない。実際に会議に参加してみると，会議の内容を十分に理解することができず，結果として必要な留意事項や役割などを把握しているのかあいまいな場合もある。できれば会議前に，先輩保育者に会議の内容を確認し，会議中も不明瞭な点や内容が把握できない点は質問して確認する必要がある。

対応のヒント

職員会議には，行事などの確認や反省会などの全体会議と，学年ごとの週案などについての会議がある。また，会議の内容によっては，参加者が異なる場合もある。行事に関する内容などは，会議内容も一定のパターンがあり，事前資料の有無も含めて確認しておくと会議の流れが把握しやすい。

会議後は，先輩保育者へ会議の内容を確認し，理解ができているか確認をしておくことも必要である。また，新任保育者Ａはメモし必要事項の聞き逃しがないようにしているが，基本的に園内の情報の外部持ち出しは厳禁であることに留意したい。議事録の有無や，後から議事録で必要事項を確認することが可能かどうかなども確認し，過去の議事録にも目を通しておくと，より会議の内容を理解しやすいだろう。

考えてみよう

・職員会議に参加する前に，保育者として事前に準備しておくことは具体的にどのようなことだろうか。また，会議中に留意すべきことは何か考えてみよう。

ケース② 初めての一人担任

　保育者2年目のBは，4月から年中児クラスの担任になる。初めて一人でクラス担任をすることになり，クラスの子ども達の名前や性格，発達段階を理解し，保育につなげていくことができるのか不安で仕方がなかった。来年度のクラス担任については，2月末の職員会議の中で，園長先生から発表されていた。保育者Bは現在のクラス運営と並行して，具体的にクラス担任として来年度の準備に少しずつ取り組むことになった。

問題点のヒント

　初めて一人でクラス担任をする場合，不安に思うことが多いかもしれない。この園の場合，園長先生は，クラス担任の発表を約1か月前にしている。この期間に保育者は，担当するクラスの子ども達一人ひとりを多面的に理解するように努めながら，保育環境を整えていくことが必要になってくる。クラス運営は，4月からスタートするのではなく，準備段階からスタートする。不安な思いを少しでも払拭するためには，可能な限り子どもを理解するための情報収集をし，できることに取り組んでいく必要がある。

対応のヒント

　クラスの子どもの顔と名前，発達段階などを理解するために，年少児の担任等と引き継ぎをしておく必要がある。同時に2年保育の子ども達に対しても，子どもの発達の個人差や活動への取り組み等の相違について情報収集をしておく必要がある。特に，保育上留意を必要とする子どもへの援助方法などは確認しておかなければならない。子どもの姿をイメージしながら，保育環境を整えていく必要があり，そのことでクラス運営や子どもとのかかわりがスムーズにいくことも多い。新年度がスタートしてからは，子どもの姿を観察しながら楽しく安心して園生活が送れるようにかかわる中で，子どもや保護者と良好な関係を構築していくように心がける必要がある。

考えてみよう

・クラス担任をする準備として何が必要で，それはどのような理由かあげてみよう。
・クラス担任として子どもの個人差に対応してクラス運営していく中で，日々の保育活動で留意すべき事項について具体的に考えてみよう。

【園での仕事，園行事】

ケース③　守秘義務と情報管理

　C児（4歳）は，よく祖母がお迎えに来ることがある。祖母のお迎えのときは母親から連絡が入り，「連絡帳やおたよりは祖母に持たせないでほしい」と言い，母親が後から受け取りに来ている。C児の連絡帳には，母親からの子育てに関する質問などが書かれていることがある。その内容自体は，他の園児のものとそれほど変わらない。担任保育者Dは，母親の「園とやり取りをしている連絡帳を他者に見られたくない」という思いを汲み取り，C児の連絡帳は必ず母親に手渡す旨を，主任や副担任，お迎え時間を担当する保育者とも確認することにした。

■　問題点のヒント

　保育者Dは，連絡帳も個人情報の一つであるととらえている。しかし，祖母などの家族に対しては，個人情報を渡してはいけないとは思っていないこともある。だが，保護者からしてみると，朝夕の送り迎えの短時間では話せないことや，困りごとなどを書いていることもある。そのため，連絡帳も書いている人にとっては，たとえ家族であっても見られたくない個人情報である。

　また，C児の母親は特に「連絡帳を見られたくない」といった思いがある。このケースでは，そうした思いがあることを含め，祖母のお迎え時の連絡帳の取り扱いについて，保育者間で情報共有をしておくことが必要になってくる。

■　対応のヒント

　保育者の知り得る情報の中には，守秘義務が発生するものが多く含まれていることを理解する必要がある。連絡帳もそうであるが，保護者とのやり取りの中の，一見，守秘義務が発生するようには思えないものや会話の中にも，他者には知られたくない出来事や問題が含まれている場合もある。

　また，子どもが保育者に話してくれる話の中にも，家族のプライバシーに関する内容が含まれていることもある。そして，守秘義務が発生するような情報を，他の保護者や保育者の知人などに，うっかり話してしまうようなことがあってはならない。しかし一方で，虐待のおそれや生命の安全にかかわる場合には，園内で情報共有をしておく必要がある。

■　考えてみよう

・守秘義務が発生する例を想定し，秘密が漏れた場合の対応を考えてみよう。
・園内で情報共有が必要な場合と，その際何を意識して共有すべきか考えてみよう。

ケース④ 年間行事への取り組み

保育者Eは，年長児クラスの担任である。4月に新年度がスタートしてから，入園式，お花見，お誕生日会，運動会の練習など，多くの行事に追われていた。気がつくと，保育者Eは日々の保育や子ども達の成長を楽しむ余裕がなく，行事に追われ疲弊し，行事のための保育をしている状況であった。子ども達も，行事に追われ好きな遊びを十分に楽しむことができていない。そのためか，些細なことでけんかになってしまう子どもの姿や，朝の登園の際に「行きたくない」と泣いている子どもの姿がみられる。

■ 問題点のヒント

　このケースでは，保育者が子どもと達と一緒に行事を楽しむ余裕がなく，行事をこなすことに追われている。そのため，日々の保育も行事が中心の保育になってしまい，子ども達が伸び伸びと園生活を楽しむことができなくなってしまっている。

　子どもの姿は，時にSOSの現われとなることもあるため，もし，日頃とは異なる子どもの姿がみられた場合には，保育内容の見直しが必要になってくる。子どもが楽しく園生活や行事に取り組むためには，保育者が余裕を持って保育や行事に取り組む必要がある。

■ 対応のヒント

　子ども達にとって，行事が楽しみなこともあるが，逆に憂鬱に感じてしまうこともある。子ども達が積極的に，楽しく行事に参加できるためには，保育者は日頃の保育を通して，それらの行事に向けた働きかけをしていく必要がある。その上で，日頃の保育における子どもの姿を，行事を通して発表し，楽しむことができるように，保育を展開していく必要がある。

　行事をその日限りのものではなく，行事前を導入時期や準備期，行事当日は楽しんで参加し，行事後にはその余韻を楽しむ時期ととらえるとよいかもしれない。言うまでもないが，行事中心の保育ではなく，子ども中心の保育でなければ，行事を楽しむことはできない。

■ 考えてみよう

・年間行事の例を一つ取り上げ，いつ頃からどのように取り組むべきか考えてみよう。
・子ども達が行事に楽しく参加するための働きかけを考えてみよう。

【園での仕事，園行事】

ケース⑤　園行事とその練習

　保育者Fは，初めての担任で年少児クラスを担当している。8月の夏祭りでは，毎年クラスの出し物として，舞台でお遊戯を発表することになっている。保育者Fは，夏祭りに使えそうな曲を選び，振り付けの紙を見ながらお遊戯の練習をすることにした。しかし，お遊戯の練習をしても子ども達の反応が悪く，振りもなかなか覚えられない。また，子ども達に「夏祭りの練習をしよう」と声かけをすると，「嫌だ」と言われることもあった。結果，夏祭り当日は，ほとんどの子ども達が舞台の上で立っているだけで終わってしまった。

■ 問題点のヒント

　保育者Fは，初めての担任ということもあり，子どもの日頃の姿に目を向ける余裕がなく，夏祭りのお遊戯の練習を進めることに精いっぱいの状況になっている。そのため，保育者Fが「夏祭りの練習をしよう」と声かけをしても「嫌だ」という反応や，当日の舞台で立っている姿につながってしまっている。結果，子ども達にとっては，夏祭りのお遊戯の練習は，無理にさせられている練習になっており，子どもが中心の活動になっていない。

■ 対応のヒント

　子ども達が楽しくお遊戯の練習に参加するためには，日頃の活動の中で子ども達が好きそうな曲を何曲か流し，反応を見る中で曲を決めていくほうがよい。また，保育者は子ども達が何に興味を持っているのか観察し，子どもの姿に合わせた振りにアレンジすることも必要になってくる。

　その他にも，子ども達が楽しんで行事に参加できるように，保育の中でお祭りに関連する遊びを取り入れるなどの工夫をして，夏祭りを楽しみに迎えられるようにすることも必要になる。そのためには，短期的な取り組みではなく長期的な取り組みとして，子どもの興味や関心を引き出しながら練習に取り組めるようにかかわっていく必要がある。

■ 考えてみよう

・「みんな」での練習には消極的で人前に出るのが苦手な子どもがいて，発表会当日も「参加しない」と泣き出す始末である。そのような場合に，あるいはそうならないよう，どのようにかかわっていけばよいか考えてみよう。

ケース⑥　　役柄の調整

　保育者Gは，20名いる年長児クラスのお遊戯会で，『白雪姫』をすることにした。保育者Gは最初に白雪姫の絵本を読み，その上でそれぞれの役の魅力を伝え，子ども達と話し合いながら役を決めることにした。役は，白雪姫（1名），お妃（1名），家来（4名），小人（7名），王子（1名），動物（6名）である。すると，H児とI児の2人が「白雪姫の役をしたい」と言い始めた。もともと，白雪姫は1人の予定であった。そのため，保育者Gは2人の話を聞き，その場では答えを出さず，少し考えてから役を決定することにした。

問題点のヒント

　保育者Gは，台本どおりに白雪姫役を1人で考えていた。しかし，子どもからすると，お姫様はあこがれる役であり，人気が高い。このケースの中で，保育者は2人の話を聞いている。その上で，再度構成を考えるために答えを保留にした。2人の思いを理解しつつ，再構成することが可能か，再構成ができるとしたらどのように構成し直すかが課題となる。また，H児とI児以外にも，子どものなりたい役に配置できているかも再度考慮する必要がある。

対応のヒント

　白雪姫は主役ということもあり，劇の最初から最後まで出番がある。そのため，劇の前半と後半で役の入れ替えをすることも可能になる。また，その他の子どもの役の配置も見直しながら，子どもの意見や姿などと照らし合わせる中で，役決めをしていく必要がある。役決めを保育者が決めてしまうと，子どもの意欲を引き出せない可能性がある。そのため，できるだけ子ども達と話し合いながら，子どものやりたい役ができるように決めていくことが必要になる。

　しかし，場合によってはどうしても複数の子どもがその役をやりたがり，対応が困難になる場合もある。年間の行事を見てみると，クラスの代表や主役的な役柄を担う場面は複数ある。そのため，劇の役決めの対応が困難な場合には，これまでの行事なども考慮して，検討することが必要になってくる。

考えてみよう

・すべての子どもが意欲的に参加できるようにするには，どのような配慮が必要になるか考えてみよう。
・子どもの意見を聞く場合，どのようなことを意識するべきか考えてみよう。

【子どもとのかかわり】

ケース⑦　初めてのことが不安な子ども

　J児（5歳）は，初めて竹馬をしたとき，不安な表情をしていた。保育者Kが「どうしたの」とたずねると，「だって，したことがないから怖い」と答えた。保育者Kは，J児が缶ポックリではよく遊んでいることを知っており，「竹馬は，缶ポックリに似ているよ。最初は不安だろうけど一緒にしてみよう」と声をかけた。最初は，保育者が竹を支えながら竹馬に乗る練習をしてみることにした。コツをつかみ一人でも2〜3歩けるようになると，J児は表情を一変させ，うれしそうに「乗れた」と言ってきた。それ以降，J児は一人でも竹馬の練習をし，次第に缶ポックリのように竹馬に乗れるようになっていた。

■　問題点のヒント

　J児は，竹馬をする前から，「だって，したことがないから怖い」と言い，できないと思い込んでいた。保育者は，そう思った背景に目を向けながらも，竹馬はJ児がいつもしている缶ポックリに似ていることを説明し，一緒に取り組んでいる。J児にとって2〜3歩でも竹馬に乗れたことは，成功体験につながっている。保育者は子どもの，「できないからしたくない」という思いを，「してみようかな」といった思いや，「できた」という自信へつなげていけるようなかかわりをすることが大切である。

■　対応のヒント

　誰にとっても，初めてのことは不安である。私達は生まれてから今日まで，さまざまな"初めて"を経験して今に至る。だが，子ども達の中には，挑戦する気持ちが持てない子どももいる。保育者は，そうした思いに目を向け，マイナスの体験や要因を，プラスの体験や自信につなげていく必要がある。そのためには，子どもに寄り添いながら，スモールステップの課題に一緒に取り組み，達成感を味わえるかかわりをしていくことが大切になる。たとえ達成できなくても，子どもが「してみようかな」，「またしたい」と思えるかかわりをすることで，挑戦する意欲につなげていくことも大切である。

■　考えてみよう

・自分に自信が持てない子どもに対して，どのような対応が必要か考えてみよう。
・子どもが挑戦することへの意欲を持てるようにするには，どのような対応が必要か，具体的な例を出して考えてみよう。

ケース⑧　保育室を飛び出す子ども

　Ｌ児（３歳）は，一日に何回も保育室を飛び出し園庭に出ていく。そのため，保育者Ｍは
Ｌ児の行動を気にかけており，Ｌ児が保育室を飛び出すたびに活動を中断し迎えに行き，ある
いは副担任が迎えに行き，一人で出ていくと危険であることや，心配をすることを説明してい
た。だが，Ｌ児の行動は変わることはなかった。そこで保育者は，飛び出したＬ児と一緒にそ
こで過ごしながら「いつもどうしてお外に行くの」とたずねてみた。するとＬ児は，「お母さ
んが迎えに来たときに，すぐ帰れるように外にいたい」と話してくれた。

問題点のヒント

　子どもが保育室を飛び出してしまうと，保育を中断して他の子ども達の安全を考慮
した上で，他の保育者に協力を依頼し，担任，副担任どちらかの保育者が飛び出した
子どもを探しに行くことになる。そのため，保育者の立場からすると，思うように保
育を進められないもどかしさがあるかもしれない。しかし，強制的に保育室に連れ戻
すのではなく，Ｌ児に共感を示しながらもその行為については是正する方向で援助し
つつ，子どもに寄り添うことを意識することが大切である。

対応のヒント

　保育者が，子どもと良好な関係を築くことは大切なことであり，結果として行動の
背景が見えてくることもある。このケースの場合，Ｌ児が納得した形で保育室から飛
び出さないような援助と並行して，保育室に残っている子ども達にも適切な配慮が不
可欠である。保護者との関係を構築する中で，場合によっては保護者にも，子どもが
保育室を飛び出してしまうことがあることを伝え，子どもが園生活を安心して過ごせ
るような声かけやかかわりをお願いすることもある。

考えてみよう

・強制的な行動の是正は，根本的な解決につながりにくい。子どもが納得した形で行
　動が収まるようにするには，まずどのような働きかけが必要か考えてみよう。
・担任と副担任，各々のクラス運営の分担を考えた場合，教室に残っている他の園児
　に対しての具体的な援助方法として，どのような方法があるか考えてみよう。

【子どもとのかかわり】

ケース⑨　独占欲の強い子ども

　N児（2歳）は，ブロック遊びが大好きで，とりわけ長いブロックを集めて遊んでいることが多い。園で遊ぶときには，お友達がブロックをほしがるため，取られないように両足を左右に広げ壁に向かって遊んでいる。O児や他の子が，「長いブロックちょうだい」と言っても分ける様子はない。そのため，O児が横からN児のブロックを取り，N児がそれを取り返すといったトラブルに発展してしまっていた。そこで，保育者Pが誰も遊んでいない，小さいブロック数個をN児のところに持って行き，「Nちゃんのブロックと交換してほしい」とお願いしてみるが，交換してくれない。

問題点のヒント

　N児は，毎回のように室内遊びの時間になると，急いで大好きな長いブロックを集めて遊んでいる。もちろん，ブロック以外の遊具もあり，子ども達は他の遊びをする中の一つとしてブロックで遊んでいる。そうした中，N児は他の遊具には見向きもせず長いブロックで遊んでいたのだが，O児と長いブロックの取り合いになる。長いブロックで思う存分遊びたいN児。途中からブロック遊びがしたくなり，長いブロックがほしくなったO児。保育者Pには，それぞれの思いを受け止めながら対応をすることが求められる。

対応のヒント

　保育者は，子どもが遊具に夢中になって遊びたいという思いを理解し，可能なら続けさせてあげるべきである。しかし，O児のように，友達が遊んでいる遊具で遊びたくなった思いも，理解する必要がある。保育者は，お互いの思いを理解しながら遊具の調整をし，譲り合って遊べるように，子どもと一緒に解決策を模索することが必要である。その上で，子どもの人数や思いに対しての遊具の数や遊具の種類，遊具への子どもの関心などを見極めて，子どもが遊ぶ環境調整をしていくことが必要になってくる。

考えてみよう

・N児とO児のようなトラブルに遭遇した場合の対応を考えてみよう。2歳児クラスにあるブロックは，同じものが1歳児と3歳児クラスにもある。また，クラスにはブロック以外の複数の遊具がある。そうした状況で子ども達が満足して遊びを展開できるようにするためには，どのような配慮や工夫が考えられるだろうか。

ケース⑩　　苦手な食材

　Q児（2歳）は，ピーマンが苦手で，食事に出てくると毎回残しており，食べるように促しても食べようとはしない。そこで保育者Rは，プランターを2つ準備して，トマトとピーマンを植えることにした。毎日お世話と観察をし，子ども達と「大きくなぁれ」と声かけをした。収穫の際，保育者はトマトとピーマンを洗い，カットして「食べたい人は食べていいよ」と差し出した。すると，Q児はトマトを食べてから，ピーマンにも手を伸ばし「おいしい」と言って食べていた。その日のお迎えのとき，Q児は母親にトマトとピーマンを食べたことをうれしそうに話していた。それ以降，Q児は食事に出てくるピーマンを食べている。

■ 問題点のヒント

　保育者Rは，Q児が食事の時間が苦痛にならないように配慮しながらも，「食べてみよう」と思えるようなかかわりをしていた。しかし，Q児はピーマンを食べようとはしなかった。そこで保育者Rは，育てた野菜を食べる喜びを感じたり，野菜へ興味を持ったりしてほしいと思い，トマトとピーマンを植えることにした。毎日お世話と観察をすることで，Q児にとってトマトとピーマンは特別な存在になりはじめていった。収穫の際には，トマトを食べた勢いでピーマンも食べることができ，そのことがQ児の自信にもつながり，その後の食事へともつながっている。

■ 対応のヒント

　食事に出てくる食材が苦手で食べられない子どもや，食事のペースが遅い子どもは，どこのクラスにもいる。なかなか食べられない食材の場合は，少しだけでも食べられるように促し，おいしさや，食事の大切さを伝えることが必要である。

　今回のケースのように，自分から食べてみたいと思えるきっかけが持てるように，育てて食べるといった経験から，「食べられた」という自信につながる場合もある。食事も園生活の中の一つととらえ，子ども達が食べ物に興味や関心が持てるようなかかわりをすることが大切である。また，残さず食べることだけがよいのではなく，それまでの過程も大切にかかわる必要がある。

■ 考えてみよう

・「食育」活動や習慣形成の観点から，子どもが食や食材などに興味・関心が持てるような取り組みには，どのようなものがあるか考えてみよう。

【子どもとのかかわり】

ケース⑪　けんかの仲裁

　S児とT児（年長児）は，遊びの場所をめぐってけんかになった。保育者Uは，言い争いをしていることに気がついていたが，仲裁に入らず様子を見ていた。すると，V児が仲裁に入り，しばらくして2人は仲直りをしていた。その後，保育者UがS児とT児に先ほどのけんかについて話を聞いてみると，互いに「遊んでいる最中に場所の取り合いになり，"あっち行って"と言ったことでけんかになった」と話してくれた。また，保育者Uは仲裁に入ったV児にも話を聞いてみると，「仲直りできたら，と思ったから，2人の話を聞いた」と話してくれた。

問題点のヒント

　けんかへの対応については，それが始まった段階からどのタイミングでどの程度の介入をするかが大切になってくる。それは，そのときの状況や子どもの発達段階によっても変わる。子どもの安全を守る立場から，お互いにけがをさせる状況は絶対に避けなければならない。同時に，保育者が感情的に仲裁しても，子どもの心にわだかまりが残ってしまうことも考えられる。

対応のヒント

　子ども同士のけんかは多々あり，保育者が介入することも多い。しかし，すぐに保育者が介入するべきかどうかは別の問題である。子ども同士のけんかの場合，お互いに相手の意見を聞き，自分たちで解決できるかを見守る場合もある。

　また，けんかの仲裁をしようとする子どもが現れる場合もある。自分達で「どうにかしよう」とする思いを大切にし，その力を養っていくことも大切なことである。しかし，解決が困難な状況や，どちらか一方だけが責められている場合，手が出ることやけがのおそれがある場合は，即時に介入する必要がある。

　保育者がけんかの仲裁に入る場合は，お互いの話しを聞き，子どもが自分で考える中で解決できるように導くことが必要になってくる。

考えてみよう

・けんかの理由を聞くとき，どのようなことを意識して聞くべきか考えてみよう。
・子どもがけんかを解決する力を養うためには，保育者としてどのようなかかわりが必要か考えてみよう。

ケース⑫　園方針に対する意見への対応

　親の仕事の関係で，他の園から本園に通園するようになったW児（3歳）。入園後しばらくして，母親が担任保育者Xに，「クラスでは，子どもの出席を取らないのか」と言ってきた。保育者Xは，毎朝名前を呼んで出席を取っていることを伝える。すると母親は，「前の園では子どもの名前を漢字で書いたカードを出して出席を取っていたので，Wが友達の名前が覚えられないと言っている。名前や漢字を覚えるためにも漢字の名前カードを使ってほしい」と言われた。保育者Xは，主任保育者および園長先生にその内容を報告した。後日，保育者Xは主任保育者と一緒に，母親に園の方針と出席の方法についての説明をすることになった。

■　問題点のヒント

　保育者Xは，W児の保護者から，名前カードを使って出席を取ってほしいと言われている。一見，クラス運営に対する意見ともとらえることができる。しかし，他のクラスでも名前を呼ぶのみの出席を取っており，これまで漢字の名前カードを使って出席を取っていたクラスはない。保育内容やクラス運営，保護者対応など，主任保育者や園長先生への報告や相談は必要なことである。新しい園での生活で，子どもや保護者が不安に思っていることも理解しながら，園の方針を理解していただけるような対応をしていくことが必要になる。

■　対応のヒント

　園の方針と保護者の思いが合わないため，保護者が意見を述べてくることが時々ある。そうしたとき，一方的に保護者に園の方針や現状を伝えるのではなく，保護者がどのような思いの中で意見を述べているのか，受け止める必要がある。また，その上で主任保育者や園長先生に報告をし，園の方針を確認してから対応をしていく必要がある。そして，保護者との関係や意見の内容を考慮しながら，説明の場を設けることも必要になってくる。また，対応も一人でする場合や他の先生とする場合があるだろうが，園内で話し合った上で，組織として対応をしていく必要がある。

■　考えてみよう

・このような場合，保護者本人への対応で心がけることは何か考えてみよう。
・組織としての視点でも考慮しなければならないのはなぜか考えてみよう。

【保護者とのかかわり】

ケース⑬　保護者との信頼関係の確立

　　新任保育者Ｙは，保護者とのかかわりや信頼関係を築くことは難しいと感じていた。そのことを先輩保育者Ｚに相談すると，「子どもを通した関係を築くことを意識するとよい」とアドバイスをもらった。具体的には，朝の登園時に健康確認も兼ねて「変わりはないか」様子をたずね，連絡帳やお迎えのときに園での様子を伝えることを教えてもらった。実践してみると，ある子どもの保護者は「寝起きが悪くて朝食をあまり食べてない」と話してくれた。そのため新任保育者Ｙは，連絡帳に10時のおやつをお代わりしたことや，給食や一日の様子も記入し伝えるようにしてみた。また，降園の際にも保護者に口頭で，子どもの姿を伝えるよう心がけた。

■ 問題点のヒント

　　新任保育者Ｙは先輩保育者Ｚに，保護者とのかかわり方について相談し，子どもの姿を保護者と共有することの大切さを教えてもらっている。保護者に子どもの園での様子を伝え，互いに子どもの姿を共有することは，信頼関係を形成する上で大切なことである。このケースでは，保護者は新任保育者Ｙに，朝の子どもの姿を伝えていることから，「保育者Ｙを信頼したい」という思いが見て取れるが，そうでない場合もある。例えば，新任保育者Ｙが，子どもや保護者にとっての「望まれる姿」像として見られない場合，不信へとつながってしまう。そのようなことを避けるためにも，保育者には専門職として子どもの模範になることを意識した行動が求められる。

■ 対応のヒント

　　新任保育者にとっては，保護者と信頼関係を築くことは難しく思え，どうしたらよいのか戸惑ってしまうことも多い。だが，保育者と保護者との間には，子どもという共通項がある。保護者は子どもの園での様子を子ども伝いでしか知ることができず，子どもは細かくは説明できない。保育者も，子どもの家庭での様子を知っていたほうがよい場合もある。そのため，子どもの姿を互いに聞き伝え合うことが必要になってくる。そうしたことを積み重ねていく中で，少しずつ信頼関係は形成されていく。

■ 考えてみよう

・例えば子ども達への対応で手が離せないときに外部の人から電話がかかってきた場合，具体的にどのような電話対応が望ましいか，信頼されるような「望まれる姿」像をふまえ考えてみよう。
・子どもの姿の共有がなぜ信頼関係の構築につながるか，理由を考えてみよう。

ケース⑭　園内の人間関係

　新任保育者ａにとって，ｂ園は初めて保育者として，そして社会人として勤務する場所である。ｂ園の保育者は，今年度新規採用されたａと大学時代から一緒のｃ以外は，保育経験が豊富な保育者ばかりである。しかし，新任保育者ａは，先輩保育者が忙しそうに保育をしているため，子どものことや業務内容について，わからないことや困ったことをたずねることができないでいる。また，報告しなくてはいけないことを，園長先生や先輩保育者達に報告できていないことも度々ある。

■ 問題点のヒント

　保育現場では，他のクラスや保育者と連携する中で，保育や業務，保護者への対応を行う。また，クラスでの出来事を，園長先生や主任保育者に相談や報告することも大切で，組織の一員としての対応が求められる。そのため，新人保育者ａが園長先生や先輩保育者達にわからないことをたずね保育につなげていったり，業務上の報告をしたりすることは必要なことであり，それも組織間での連携の一つである。また，ｃのような知り合いが園内にいる場合もあるかもしれない。しかし，園での人間関係は友達関係とは異なり，仕事上の専門職としてのかかわりになる。そのため，園内においては専門職として，保育者同士のかかわりをすることが必要になる。

■ 対応のヒント

　園では，組織の一員として，自立した保育の専門職として，子どもや保護者にかかわらなければならない。新人保育者は，わからないことが多い中，子どもや保護者とかかわっていかなければならないため，教えやアドバイスをもらうことは必要不可欠である。その他にも，専門職として保育に携わる中で，組織の一員として連携をしなければならないことも多々ある。そのため，園内における人間関係は，これまでの人間関係とは異なり，社会人としてともに働く仲間とてして関係を築くこと，職場内外の人から信頼されることが求められる。

■ 考えてみよう

・これまでの人間関係と，職場で求められる人間関係との違いは何か考えてみよう。
・社会人として新任保育者に求められることは何か考えてみよう。

【職員同士のかかわり】

ケース⑮　先輩や同僚との付き合い

　保育者eは同じクラス担任の先輩保育者fから，月に2，3回，仕事終わりや休みの日に，食事や買い物などに誘われている。保育者eは，断ると先輩保育者fに嫌われるのではないか，仕事がしにくくなるのではないかと思い，断らないようにしていた。しかし，保育者eは先輩と一緒ということで，食事や買い物などを楽しむ余裕がなかった。次第に保育者eは，先輩保育者fの誘いが苦痛になりはじめ，プライベートはゆっくりと趣味の映画を見たり，家族や友人と過ごしたりしたいと思うようになっていった。そして，いつ誘われるかわからないことから，次第に先輩保育者fを避けるようになった。

■ 問題点のヒント

　保育者eは，かなりの頻度で先輩保育者fとプライベートの時間を過ごしている。最初は，同じクラス担任ということで，早く良好な関係を築きたいと思い，一緒に出かけていたのかもしれない。しかし，次第に誘われることが苦痛になり，先輩保育者fを避ける行動を取りはじめている。結果，職場内における良好な関係につながったとはいえない状況になっている。プライベートの時間を犠牲にしてまで，先輩に合わせるのではなく，断ることや，自身の思いを伝えることも必要なことである。

■ 対応のヒント

　勤務時間外に，先輩保育者や同僚から食事などに誘われることはあるかもしれない。行きたいと思えば行ってもよいだろうが，気が乗らなかったり，他の予定があったりする場合には，断ることも必要である。職場内の関係はこれまでの友達関係とは異なり，互いに働く仲間であり社会人同士の関係が基盤である。だからといって，良好な関係を構築しなくてもよいというわけではなく，一緒に働く上で良好な関係を築くことは必要なことである。そのようなことを念頭に置きながら，社会人としてどうあるべきか考慮した対応をとることが大切になってくる。

■ 考えてみよう

・先輩保育者からの誘いを断りたい状況があった場合，失礼にならないような断り方をいくつか考えてみよう。
・あなたが先輩になった場合には，後輩保育者にはどのようなことを意識してかかわるべきか考えてみよう。

索 引

あ―お

愛 育 ……………………………………107
愛染橋保育所 …………………………20
赤沢鍾美 ………………………………20
預かり保育 ……………………………57
アナフィラキシーショック …………67
アプローチカリキュラム …………76, 78
亜米利加婦人教授所 …………………20
アレルギー疾患 ………………………59
いきいきしさ …………………………44
生きる力 ………………………………11
育 児 ……………………………………107
石井十次 ………………………………20
一種免許状 ………………………24, 26, 27
医療的ケア児 …………………………48
ヴァンダー・ヴェン …………………95
衛生管理 ………………………………59
エッセンシャルワーカー ……………106
エンゼルプラン …………………………6
園内研修 ………………………………64
オズボーン ……………………………14
恩 物 ……………………………………19

か

学 制 ……………………………………19
学籍に関する記録 ……………………80
筧雄平 …………………………………20
学校教育法 ……………………………21
家庭的保育事業 ………………………106
鐘淵紡績会社 …………………………20
カリキュラム・マネジメント ………60
環境閾値説 ……………………………112
環境設定 ………………………………45

き

キーワーカー …………………………106
期限付き特例制度 …………………26, 33
規制改革推進3か年計画 ……………24
季節保育所 ……………………………20
基本的生活習慣の獲得 ………………12
キャリアパス ………………………40, 97
9歳の壁 ………………………………110
教 育 ………………………………58, 109
教育職員検定 ………………………24, 104
教育職員免許法 ………………………24
教職員支援機構 ………………………24
協 働 ……………………………………66
居住環境 …………………………………8

く―こ

倉橋惣三 ………………………………44
クリティカルワーカー ………………106
グローカル ……………………………108
ゲゼル …………………………………112
欠格条項 ………………………………31
研 修 ………………………………14, 89
恒久的保母養成施設 …………………30
心の教育 ………………………………11
5者の心得 ……………………………110
個人情報 ………………………………118
子育て支援 ……………………………59
国家資格 ………………………………29
子ども・子育て応援プラン ……………6
子ども・子育て支援新制度 …34, 51, 109
子ども・子育て支援法 ………………40, 109
子どもの権利条約 …………………46, 108
混血児 …………………………………20

し

ジェンセン	112
指定保育士養成施設	31
児童虐待の防止等に関する法律	72
児童相談所	72
指導に関する記録	80
児童の権利に関する条約	46, 108
児童福祉施設最低基準	29
児童福祉施設の設備及び運営に関する基準	29
児童福祉法	21, 29
指導保育教諭	35
主幹保育教諭	35
シュテルン	112
守秘義務	118
小1プロブレム	75
情報の取捨選択力	7
食育	59, 125
職員会議	116
職場外研修	90
職場内研修	89
職務分野別リーダー	41
食物アレルギー	67
助保育教諭	35
信頼関係	46, 128

す―そ

スタートカリキュラム	77, 78
生活援助	43
静修女学院附設託児所	20
全国保育士会倫理綱領	42, 92
専修免許状	27
専門リーダー	41
善隣幼稚園	20
組織	87

た

大家族	6
待機児童	37
胎児期	109

託児所	22
男女雇用機会均等法	6, 29

ち―と

チーム保育	64
知識科	19
地方公共団体	71
デイリープログラム	56
手書き文化	13
東京女子師範学校附属幼稚園	19
東京紡績株式会社	20
同僚性	98
篤志家	20
特別支援教育	82
ドラッカー	89
トリアージ	13

に

二種免許状	24, 26, 27
2018年問題	3
乳児期	109
乳幼児の発達の特性	54

は―へ

バーナード	87
発達過程	54
非認知能力	38
ヒヤリハット	59
標準保育時間	57
美麗科	19
副主任保育士	41
輻輳説	112
二葉幼稚園	20
普通免許状	24
物品科	19
フレーベル	19
プログラミング的思考	113
プロフェッショナル	104
ヘックマン	38

ほ

保　育 ……………………………19, 109

保育 ICT システム ……………………14

保育カンファレンス ……………64, 99

保育教諭 ……………………………34

保育士資格 …………………………29

保育士試験 …………………………31

保育士処遇改善加算 ………………40

保育士等キャリアアップ研修………41, 97, 100

保育士登録 …………………………34

保育者 ………………………………9, 51

保育者基礎力 ………………………94

保育所児童保育要録 ………………79

保育所等における保育の質の確保・向上に

　関する検討会 ……………………41

保育所保育指針………………23, 53, 54, 77

保育所保育指針解説…………………42, 57

保育の現場・職業の魅力向上検討会 …………41

保　父 ………………………………29

保　母………………………………23, 29

保幼小連携会議 ……………………84

ま―も

マネジメントサイクル ……………96

3 つの資質・能力 …………………77

3 つの自立 …………………………76

名称独占資格 ………………………29

免許状更新講習 ……………………28

メンター制度 ………………………41

守屋光雄………………………………103

モンスターペアレント ……………70

ゆ・よ

有効求人倍率 ………………………40

養　護 ………………………………58

養護的側面 …………………………10

幼児期 ………………………………109

幼児期の終わりまでに育ってほしい姿 …………77

幼稚園規則 …………………………19

幼稚園教育要領 …………………22, 52, 77

幼稚園教員資格認定試験 …………24

幼稚園教諭 …………………………23

幼稚園幼児指導要録 ………………79

幼稚園令 ……………………………21

幼保連携型認定こども園園児指導要録 …………79

幼保連携型認定こども園教育・保育要領……52, 77

り

リーダーシップ ……………………88

離職率 ………………………………15

臨時免許状 …………………………26

わ

ワトソン ……………………………112

欧　文

ACE ………………………………38

AI …………………………………113

Barnard, C. I. ……………………87

critical worker …………………106

Drucker, P. F.……………………89

essntial worker …………………106

Fröbel, F. W. A ……………………19

Gesell, A. L. ……………………112

Heckman, J. J. ……………………38

ICT ………………………………113

IoT ………………………………113

Jensen, A. R. ……………………112

key worker ………………………106

Off-JT ……………………………90

OJT ………………………………89

Osborne, M. A. ……………………14

PDCA サイクル ……………………60

Stern, W. …………………………112

Vander Ven, K. ……………………95

Watson, J. B.………………………112

● 編著者　　　　　　　　　　　　　　　　　　　〔執筆分担〕

上野 恭裕　園田学園女子大学人間教育学部 教授　　　序章，第1章，
　　　　　　　　　　　　　　　　　　　　　　　　　コラム①〜⑤・⑦・⑨

米谷 光弘　西南学院大学人間科学部 教授　　　　　第8章

● 著者（五十音順）

飯野 祐樹　兵庫教育大学大学院学校教育研究科 准教授　第2章

兼間 和美　四国大学生活科学部 講師　　　　　　　　第4章

田窪 玲子　園田学園女子大学人間教育学部 助教　　　第6章，コラム⑥

西川 友理　白鳳短期大学 講師　　　　　　　　　　　第3章

長谷 範子　花園大学社会福祉学部 准教授　　　　　　第7章，コラム⑧

林 静香　華頂短期大学 講師　　　　　　　　　　　　第5章

宮地 あゆみ　九州大谷短期大学 講師　　　　　　　　第9章

コンパス　保育者論

2021年（令和3年）4月1日　初版発行

編著者　上　野　恭　裕
　　　　米　谷　光　弘
発行者　筑　紫　和　男
発行所　株式会社 建　帛　社
　　　　　　　　　KENPAKUSHA

〒112-0011　東京都文京区千石4丁目2番15号
TEL（03）3944－2611
FAX（03）3946－4377
https://www.kenpakusha.co.jp/

ISBN 978-4-7679-5131-7　C 3037
ⓒ上野恭裕，米谷光弘ほか，2021.
（定価はカバーに表示してあります）

亜細亜印刷／愛千製本所
Printed in Japan